le guide du streamer

Sommaire.

01 Le matériel nécessaire *p.5*

02 Préparer son stream *p.19*

03 Définir son contenu et sa niche *p.51*

04 Construire une communauté fidèle *p.69*

05 Monétiser son stream *p.81*

06 Gérer sa carrière de streamer *p.97*

07 L'avenir du streaming *p.112*

introduction

Le streaming, un rêve à portée de clic

Il fut un temps où partager ses passions avec le monde semblait un privilège réservé à une élite. Les médias traditionnels, la télévision, la radio, exigeaient des moyens considérables, des contacts dans l'industrie, ou simplement un brin de chance. Mais aujourd'hui, dans ce monde connecté où chaque individu est une voix potentielle, le streaming a bouleversé la donne.

Le streaming, ce phénomène culturel devenu incontournable, permet à chacun, sans distinction, de diffuser en direct ses expériences, ses émotions, son art. Que vous soyez un gamer talentueux, un artiste en herbe, un passionné de discussions ou un simple amoureux du partage, cette ère numérique vous offre un pouvoir sans précédent : celui de rassembler des communautés autour de ce qui vous fait vibrer. De vos écrans aux leurs, un lien se tisse, en temps réel, authentique, brut et fascinant.

Mais derrière cette apparente de simplicité — un clic, une diffusion, une audience — se cache une réalité bien plus complexe. Le succès en tant que streamer professionnel ne repose pas seulement sur la passion ou le talent. C'est un métier qui, comme tout autre, nécessite préparation, investissement, et une compréhension minutieuse de l'outil. Vous devez non seulement capter l'attention de milliers de spectateurs, mais aussi savoir les garder, les divertir, et surtout, bâtir une communauté fidèle qui grandira à vos côtés.

Ce guide s'adresse à vous, qui rêvez de devenir un streamer professionnel. Que vous soyez totalement novice, hésitant à lancer votre première diffusion, ou que vous ayez déjà plongé dans cet univers et cherchez à atteindre un nouveau palier, vous y trouverez toutes les clés pour franchir chaque étape de ce voyage.

Nous aborderons ensemble le matériel indispensable, les techniques pour captiver et interagir avec votre audience, les secrets pour se démarquer dans un espace aussi compétitif que passionnant.

Pourquoi vouloir devenir streamer ?

Peut-être est-ce le désir de partager vos expériences de jeu, de vivre de votre créativité, ou même de transformer un passe-temps en carrière. Peu importe la motivation qui vous anime, ce guide est conçu pour vous accompagner tout au long du chemin, à travers les défis et les victoires qui parsèmeront votre aventure.

Le streaming est un art, mais aussi une science. C'est un mélange subtil entre votre personnalité, votre contenu, et la maîtrise des outils techniques. Et ce n'est pas un chemin solitaire. Vous rejoindrez une communauté mondiale de créateurs, chacun cherchant à tracer sa propre voie tout en inspirant les autres.

Alors, êtes-vous prêt à franchir ce cap ? À apprendre, à grandir, à transformer cette passion en une carrière ? Si oui, préparez-vous, car l'aventure commence ici. Bienvenue dans le monde des streamers professionnels. Bienvenue dans un univers où chaque clic peut changer le cours de votre vie.

chapitre 1
Le matériel nécessaire

Avant même de lancer votre première séance en direct, il est essentiel de comprendre l'importance d'un bon équipement. Le matériel est la base technique sur laquelle repose toute l'expérience de streaming.
il façonne la qualité visuelle et sonore de votre contenu, influence la fluidité de vos interactions et crée une ambiance immersive pour vos spectateurs.
Une configuration de qualité est un investissement qui peut faire toute la différence pour attirer et fidéliser votre public. Bien que chaque streamer ait des besoins uniques, ce premier chapitre explore les éléments essentiels d'un équipement efficace, afin que vous puissiez démarrer avec les meilleures bases possibles.

Choisir son ordinateur

L'ordinateur est le cœur de votre expérience de streaming. Il est l'outil par excellence qui vous permettra de créer, diffuser et interagir avec votre audience. Dans un monde où la technologie évolue rapidement, choisir la bonne machine peut sembler complexe, mais c'est une étape cruciale pour assurer un streaming de qualité.

La puissance au service de votre contenu

Lorsqu'il s'agit de streamer, il est important de comprendre que votre ordinateur devra gérer plusieurs tâches simultanément. En effet, il doit exécuter le jeu ou le logiciel que vous souhaitez diffuser tout en faisant fonctionner le logiciel de streaming. Cela nécessite un processeur puissant, une carte graphique performante et suffisamment de mémoire vive.

Si vous êtes principalement un gamer, vous aurez besoin d'un ordinateur capable de faire tourner les jeux les plus récents tout en offrant une expérience de diffusion fluide. Un processeur de type Intel Core i5 ou AMD Ryzen 5 est un bon point de départ, car il vous fournira la puissance nécessaire pour jouer tout en gérant le stream. Une carte graphique de la gamme NVIDIA GeForce GTX ou RTX est également recommandée pour une performance optimale.

PC de bureau ou ordinateur portable ?

Le choix entre un PC de bureau et un ordinateur portable dépend de votre mode de vie et de vos besoins. Un PC de bureau offre généralement une meilleure performance pour un prix comparable et permet des mises à niveau plus faciles. Il est idéal si vous prévoyez de streamer depuis un endroit fixe, comme votre chambre ou un bureau dédié.

D'autre part, un ordinateur portable vous offre la flexibilité de streamer où que vous soyez. Si vous avez l'intention de voyager ou de diffuser lors d'événements, un portable avec de bonnes spécifications peut s'avérer extrêmement pratique. Veillez à choisir un modèle qui offre une bonne autonomie et une puissance suffisante pour vos sessions de streaming.

La nécessité d'un système de refroidissement efficace

Le streaming est gourmand en ressources, et un bon système de refroidissement est indispensable pour éviter la surchauffe de votre machine.
Des températures élevées peuvent nuire aux performances et à la durabilité de votre matériel. Pensez donc à investir dans un bon refroidissement, qu'il soit à air ou liquide.

Stockage : optimisez votre espace

En ce qui concerne le stockage, optez pour un disque SSD (Solid State Drive) pour votre système d'exploitation et vos logiciels. Les SSD sont plus rapides que les disques durs traditionnels (HDD) et réduisent considérablement les temps de chargement. Vous pouvez également envisager d'ajouter un HDD pour stocker vos fichiers de vidéo et de données. Cela vous permettra de disposer de suffisamment d'espace sans compromettre la vitesse de votre machine.

Conclusion sur le choix de l'ordinateur

En fin de compte, le choix de votre ordinateur doit s'aligner avec vos objectifs de streaming. Que vous soyez un passionné de jeux vidéo ou un artiste créatif, investir dans un matériel adapté est la première étape pour transformer votre passion en carrière. Prenez le temps d'explorer vos options et de faire un choix éclairé, car votre ordinateur sera votre partenaire dans cette aventure palpitante.

Caméra : Votre visage, la vitrine du stream

Dans le monde du streaming, la caméra est souvent la première choisie que les spectateurs remarquent. Elle joue un rôle fondamental en établissant un lien visuel entre vous et votre public. Que vous soyez un joueur, un créateur de contenu artistique ou un commentateur, choisissez la bonne caméra est essentielle pour capturer votre essence et donner vie à votre contenu.

Types de caméras

Il existe plusieurs types de caméras sur le marché, chacune ayant ses avantages et ses inconvénients. Voici quelques options courantes à considérer.

Webcams

Les webcams sont une excellente option pour les débutants. Elles sont faciles à installer, abordables et offrent une qualité d'image convenable pour des sessions de streaming. Des modèles populaires comme la Logitech C920 sont souvent recommandés pour leur bon rapport qualité-prix. Pour des résultats optimaux, placez votre webcam à la hauteur de vos yeux et veillez à ce qu'elle soit bien éclairée.

Appareils photo DSLR ou Mirrorless

Si vous aspirez à une qualité d'image plus professionnelle, envisagez d'utiliser un caméra reflex numérique (DSLR) ou sans miroir (mirrorless). Ces caméras offrent une résolution supérieure, une meilleure profondeur de champ et un contrôle accumulé sur l'éclairage et la mise au point. Cependant, elles nécessiteront un peu plus de configuration et un investissement initial plus important. Pensez à ajouter une carte de capture pour relier votre caméra à votre ordinateur.

Caméras d'action

Pour les streamer qui souhaitent une approche dynamique, une caméra d'action comme une GoPro peut être une option intéressante. Bien qu'elles soient souvent utilisées pour des vidéos d'aventure, elles peuvent aussi servir pour des stream en direct avec un angle de vue unique et immersif.

Résolution et fréquence d'images : l'importance des détails

La résolution de votre caméra est cruciale pour offrir une expérience de visionnage agréable. Pour un flux en direct, une résolution de 1080p à 60 images par seconde (FPS) est recommandée pour un rendu fluide et clair. Assurez-vous que votre caméra prend en charge cette résolution pour capturer tous les détails de votre contenu. N'oubliez pas que la qualité de l'image contribue à la perception professionnelle de votre stream.

Positionnement et cadrage : captiver votre audience

Une fois votre caméra choisie, il est important de bien la positionner. Le cadrage doit être soigné votre visage doit être centré et bien visible. Évitez les angles peu plats ou les arrière-plans trop chargés qui pourraient déranger vos spectateurs. Considérez également la possibilité d'ajouter des éléments graphiques ou des superpositions pour enrichir l'expérience visuelle.

L'éclairage : mettre en valeur votre image

Un bon éclairage est essentiel pour optimiser la qualité de l'image de votre caméra. Même la meilleure caméra ne pourra vous fournir un éclairage qualité. Investissez dans un anneau lumineux ou des softbox pour créer une lumière douce et uniforme sur votre visage. Évitez les ombres dures et les lumières trop vives qui peuvent nuire à la qualité de l'image. L'éclairage doit être votre allié pour mettre en valeur votre personnalité et votre contenu.

Conclusion sur le choix de la caméra

Choisir la bonne caméra pour votre streaming est une étape décisive pour créer une connexion authentique avec votre public. Que vous optiez pour une webcam simple ou une caméra professionnelle, assurez-vous qu'elle correspond à vos besoins et à votre style. Prenez le temps d'expérimenter avec le positionnement et l'éclairage pour capturer l'image qui vous ressemble le plus. Votre caméra ne doit pas seulement filmer, elle doit raconter votre histoire.

Micro et son : la voix du streamer

Le son est tout aussi important que l'image dans le monde du streaming. Un bon micro peut transformer une diffusion banale en une expérience captivante, tandis qu'un son médiocre peut rapidement faire fuir les spectateurs. Investir dans un bon matériel audio est crucial pour établir un lien solide avec votre public.

Types de micros : trouver le bon modèle

Il existe plusieurs types de micros, chacun adapté à des besoins différents

Micros USB

Ces micros sont parfaits pour les streamers débutants. Faciles à utiliser, ils se branchent directement à votre ordinateur sans nécessiter d'équipement supplémentaire. Des modèles comme le Blue Yeti ou le Audio-Technica AT2020 USB offrent une excellente qualité sonore et sont souvent choisis pour leur rapport qualité-prix.

Micros XLR

Pour ceux qui cherchent à atteindre un niveau professionnel, les micros XLR sont le choix idéal. Ils nécessitent une interface audio ou un mélangeur pour se connecter à votre ordinateur, mais ils offrent une qualité sonore supérieure et plus de contrôle sur votre audio. Des modèles comme le Shure SM7B ou le Rode NT1 sont des options populaires parmi les streamers professionnels.

Micros cravate

Pour les streamers qui se déplacent beaucoup ou qui veulent un son discret, un micro cravate peut être une excellente solution. Ces petits micros se fixent à vos vêtements et capturent votre voix de près, offrant une bonne qualité sonore tout en vous permettant de vous déplacer librement.

Positionnement du micro : maximiser la clarté sonore

La localisation de votre micro est cruciale pour obtenir une bonne qualité audio. Placez-le à environ 15 à 20 centimètres de votre bouche pour éviter les bruits de souffle tout en capturant clairement votre voix. Si vous utilisez un micro à condensateur, un filtre anti-pop peut également être utile pour réduire les bruits indésirables.

Contrôle du son : les réglages à ne pas négliger

Assurez-vous de régler correctement les niveaux audio avant de commencer votre streaming. Utilisez un logiciel de streaming pour surveiller le volume de votre micro et éviter les saturations. Un son trop faible peut rendre vos paroles inaudibles, tandis qu'un son trop fort peut causer des distorsions et nuire à l'expérience des spectateurs.

Conclusion sur le choix du micro

Choisir le bon micro est essentiel pour offrir une expérience de streaming professionnelle. Que vous soyez débutant ou streamer chevronné, un bon son permettra de créer une atmosphère engageante et immersive pour vos spectateurs. Prenez le temps d'explorer vos options, d'ajuster votre équipement et de soigner le moindre détail audio. Après tout, une voix claire et agréable est l'un des meilleurs moyens de captiver votre public et de construire une communauté fidèle.

L'éclairage : mettre en lumière votre stream

Si l'image est reine dans le streaming, l'éclairage en est son trône. Un bon éclairage peut transformer une webcam standard en une source d'image professionnelle, tandis qu'un mauvais éclairage peut ruiner la qualité de la meilleure caméra. Il ne s'agit pas simplement de vous rendre visible, mais de mettre en valeur votre apparence, d'améliorer l'ambiance de votre stream et de renforcer l'immersion pour votre audience.

Pourquoi l'éclairage est essentiel ?

Lorsque l'on pense à l'éclairage, il est facile de croire qu'une lampe de bureau ou une lumière naturelle suffit. Cependant, un éclairage mal contrôlé peut créer des ombres disgracieuses, donner une mauvaise couleur à votre peau ou provoquer une surexposition. En optimisant votre éclairage, vous créez une atmosphère accueillante et professionnelle, ce qui rend votre stream plus agréable à regarder et vous met en valeur sous votre meilleur jour.
Un bon éclairage permet également d'atténuer le bruit numérique (grain) dans l'image, particulièrement lorsque la luminosité de la pièce est faible.

Les types de lumières à utiliser

Il existe plusieurs options pour l'éclairage, en fonction de vos besoins, de votre budget et de l'ambiance que vous souhaitez créer.

Anneau lumineux (Ring Light)

Très populaire parmi les streamers, l'anneau lumineux est une source de lumière circulaire que l'on place généralement autour de la caméra ou légèrement au-dessus. Elle offre un éclairage uniforme sur votre visage, réduit les ombres et donne un rendu plat. Les anneaux lumineux sont souvent réglables en intensité et en température de couleur, ce qui permet de personnaliser l'éclairage selon vos préférences.

Softbox

Une softbox est une lumière diffusée à travers un écran, créant un éclairage doux et uniforme. Elle est idéale pour éliminer les ombres dures. On peut en utiliser une seule ou deux pour un éclairage équilibré sur les deux côtés du visage. Ce type d'éclairage est utilisé par de nombreux photographes et vidéastes, ce qui lui confère un rendu très professionnel.

Panneaux LED

Les panneaux LED sont une alternative polyvalente. Ils peuvent être utilisés pour éclairer votre visage ou pour ajouter un éclairage d'ambiance à votre arrière-plan. De nombreux modèles modernes permettent de régler la température de couleur (de plus chaud à plus froid) et l'intensité de la lumière.

Lumières d'ambiance

En plus des lumières principales, des éclairages d'ambiance (souvent des LED colorées) peuvent être utilisés pour ajouter de la profondeur et de la personnalité à votre stream. Placées à l'arrière-plan, elles permettent de créer une ambiance spécifique, qu'elle soit relaxante, dynamique ou adaptée au jeu que vous streamez.

Les bases de l'éclairage : la technique des trois points

La technique d'éclairage à trois points est souvent utilisée pour créer une image équilibrée et attrayante. Elle consiste en trois sources de lumière placées à différents angles pour obtenir un effet professionnel

Lumière principale (Key Light)

C'est la lumière principale qui éclaire directement votre visage. Elle doit être la plus puissante et être placée légèrement en hauteur et à un angle de 45 degrés par rapport à vous, de manière à éclairer sans trop de contrastes.

Lumière de remplissage (Fill Light)

Placée de l'autre côté, à une intensité plus faible, elle sert à adoucir les ombres créées par la lumière principale. Cela évite un effet de contraste trop marqué sur un côté du visage.

Lumière d'arrière-plan (Back Light)

Cette lumière est positionnée derrière vous et légèrement en hauteur pour vous détacher de l'arrière-plan. Cela crée un effet de profondeur et vous empêche de vous fondre dans le décor.

Choisir la température de couleur

Les lumières ont différentes températures de couleur, mesuré en kelvins. En streaming, il est important d'équilibrer la température de couleur de votre éclairage pour ne pas paraître trop jaune ou trop bleuté à l'écran. Voici quelques repères :

- **Lumière chaude (2 700 K – 3 500 K)**
 Produit une lumière jaune/orange, créant une ambiance chaleureuse.
- **Lumière neutre (4 000 K – 5 000 K)**
Imitant la lumière naturelle, c'est le choix idéal pour un rendu équilibré.
- **Lumière froide (5 500 K – 6 500 K)**
 Offre une lumière blanche/bleue, idéale pour un look moderne et dynamique.

Il est important de choisir une température cohérente avec votre environnement pour éviter les variations de tons sur votre visage et dans votre arrière-plan. De nombreux anneaux lumineux et panneaux LED permettent de régler cette température selon vos préférences.

Placement et optimisation de l'éclairage : évitez les lumières directes et dures

Une lumière trop directe peut créer des ombres dures et des reflets indésirables sur votre peau ou vos lunettes. Diffusez la lumière avec des filtres ou des softbox pour un rendu plus doux.

Attention aux reflets sur l'écran

Si vous streamez des jeux, assurez-vous que votre éclairage ne crée pas de reflets gênants sur l'écran, ce qui pourrait vous déranger et gêner votre vision.

Testez avant de diffuseur

Avant de lancer un flux, testez toujours votre éclairage dans différentes conditions (de jour comme de nuit) pour voir comment il affecte votre image à l'écran.

Conclusion sur l'éclairage

Un bon éclairage est un élément clé pour donner à votre stream un aspect professionnel. Il ne s'agit pas seulement d'être bien visible, mais de créer une atmosphère agréable pour vos spectateurs tout en vous mettant en valeur. Que vous optiez pour un simple anneau lumineux ou pour une configuration à trois points, l'éclairage bien pensé donnera une toute autre dimension à la qualité visuelle de vos diffusions.

Chapitre 2 Préparer son stream

les plateformes de streaming

Choisir la plateforme sur laquelle vous allez diffuser vos streams est une décision cruciale pour tout aspirant streamer. Chaque plateforme a ses spécificités, sa communauté, et ses outils, ce qui peut influencer non seulement sur la manière dont vous créez votre contenu, mais aussi sur votre capacité à développer une audience fidèle. Comprendre les différences entre ces plateformes est donc un point de départ essentiel dans votre carrière de streamer.

Les grands acteurs du streaming

Trois plateformes dominent actuellement l'univers du streaming : Twitch , YouTube et Facebook Gaming . Chacune d'elles présente des avantages et des inconvénients en fonction de votre contenu et de vos objectifs.

Twitch

Présentation
Twitch est la plateforme la plus populaire pour le streaming, notamment pour les jeux vidéo, mais aussi pour des contenus variés comme le « Just Chatting », la musique, ou encore la cuisine. Avec une immense communauté de joueurs et de créateurs de contenu, Twitch est devenu un incontournable.

Avantages
La force de Twitch réside dans sa large audience dédiée, ses options d'interactivité en temps réel (émoticônes, chat en direct, raids, etc.) et son système d'abonnement pour générer des revenus. Twitch offre également de nombreuses options de personnalisation pour les streamers qui veulent se démarquer.

Inconvénients
La forte concurrence sur Twitch peut rendre difficile l'émergence pour un nouveau streamer. De plus, ses algorithmes ne convenant pas toujours aux petits créateurs, ce qui signifie qu'il peut être compliqué de se faire remarquer sans une stratégie de promotion externe.

YouTube en direct

Présentation

YouTube n'est plus seulement une plateforme de vidéos préenregistrées. Avec YouTube Live, la plateforme offre désormais une infrastructure solide de streaming en direct, idéale pour ceux qui créent déjà des vidéos sur YouTube ou qui cherchent à diversifier leur contenu.

Avantages

Le principal atout de YouTube est son algorithme puissant, qui permet de mieux promouvoir les vidéos en direct. Vous bénéficiez d'une synergie entre vos streams et vos vidéos préenregistrées, le tout sur une seule chaîne, ce qui permet d'augmenter votre visibilité. De plus, la vidéo enregistrée de votre stream peut rester en ligne, offrant une seconde vie à votre contenu.

Inconvénients

YouTube est moins spécialisé dans le streaming en temps réel par rapport à Twitch, et son système d'interactivité (comme les super chats et les abonnements payants) est moins développé. De plus, l'audience de YouTube pour le streaming est moins engagée que celle de Twitch, en particulier pour les contenus plus spécifiques comme le gaming.

Facebook Gaming

Présentation

Facebook Gaming a fait son entrée dans l'arène du streaming avec l'ambition de concurrencer Twitch et YouTube. Cette plateforme est particulièrement intéressante pour ceux qui cherchent à atteindre un public plus généraliste, grâce à l'intégration avec le réseau social Facebook.

Avantages

Facebook Gaming permet d'accéder à une audience massive , notamment grâce aux options de partage et aux groupes Facebook. Les créateurs peuvent toucher un public différent, moins centré sur le gaming hardcore, mais plus vaste en termes de démographie. De plus, il est plus facile d'être découvert en utilisant l'algorithme de Facebook qui favorise les contenus en direct.

Inconvénients

L'interface de Facebook Gaming est moins utilisée pour sa complexité et son ergonomie moins intuitive. De plus, la plateforme est encore en développement comparé à Twitch et YouTube, et elle peut manquer de certaines fonctionnalités clés pour les streamers professionnels.

Quel type de contenu ? Pour quelle plateforme ?

Le choix de votre plateforme de streaming doit également dépendre du type de contenu que vous souhaitez créer. Chaque plateforme a des niches qui lui sont propres

Jeux vidéo

Twitch reste le roi incontesté du streaming de jeux vidéo. La majorité des gros titres et des e-sports sont diffusés sur Twitch, et la plateforme offre une communauté prête à interagir et à soutenir les streamers. Facebook Gaming est une bonne option pour les streamers qui s'adressent à un public plus général ou occasionnel. YouTube Live, quant à lui, est idéal pour ceux qui créent déjà des vidéos de jeux et souhaitent intégrer le streaming.

Contenus créatifs

Si vous proposez des contenus créatifs comme la musique, l'art, ou les discussions (talk shows, podcasts en direct), Twitch propose des catégories spécifiques comme « Creative » ou « Just Chatting ». Cependant, YouTube pourrait mieux convenir si vous comptez publier des rediffusions de vos streams ou du contenu similaire hors-ligne. Facebook, bien qu'en expansion, reste un choix secondaire pour ces types de contenu.

Diversification du contenu

YouTube est le choix idéal pour les créateurs qui souhaitent allier vidéos et streaming en direct, créant une synergie entre les différents formats. Si votre stratégie inclut du contenu varié (vlogs, tutoriels, streams), YouTube permet de tout regrouper sur une seule plateforme.

Les audiences de chaque plateforme

L'une des considérations les plus importantes dans le choix de votre plateforme est votre public cible. Selon la démographie et les centres d'intérêt de vos spectateurs potentiels, une plateforme pourra être plus adaptée qu'une autre.

Twitch s'habille principalement des jeunes adultes passionnés de jeux vidéo, mais son public s'élargit progressivement avec l'introduction de nouvelles catégories.

YouTube Live est plus généraliste et peut attirer un public varié, avec un potentiel de croissance grâce à l'algorithme de recommandation de YouTube.

Facebook Gaming touche un public plus âgé et moins concentré sur le gaming hardcore, ce qui peut être intéressant si vous souhaitez atteindre un public plus diversifié ou local.

Conclusion

Le choix de votre plateforme de streaming est un élément clé de votre succès en tant que streamer. Que vous choisissiez Twitch pour sa communauté passionnée, YouTube pour sa polyvalence ou Facebook Gaming pour sa portée massive, chaque plateforme présente des avantages et des défis. Prenez le temps d'évaluer vos besoins, votre contenu et votre public cible avant de vous lancer. Ce choix vous aidera à maximiser votre impact et à construire une communauté solide autour de votre stream.

Les logiciels de streaming : L'outil pour mettre en scène votre contenu

Une fois que vous avez choisi la plateforme sur laquelle vous allez diffuser, il est essentiel de sélectionner le bon logiciel de streaming. Ces logiciels sont les outils qui vous permettent de capturer, d'organiser et de diffuser votre contenu en direct à votre public. Ils vous proposent des options pour personnaliser votre stream, ajouter des éléments visuels et gérer l'interaction avec votre public.

Qu'est-ce qu'un logiciel de streaming ?

Un logiciel de streaming, parfois appelé encodeur , agit comme un pont entre votre ordinateur et la plateforme de diffusion en direct. Il capture le flux vidéo de votre caméra et celui de vos jeux ou de tout autre contenu que vous souhaitez diffuser, puis l'envoie sur la plateforme choisie (Twitch, YouTube, Facebook Gaming, etc.).

Ces logiciels permettent également d'ajuster la qualité du flux en fonction de votre connexion Internet et d'ajouter des éléments graphiques comme des alertes, des superpositions (overlays), et des transitions.

Les logiciels de streaming les plus populaires

Le bon logiciel peut faire la différence entre une diffusion fluide et professionnelle. En plus d'améliorer l'expérience utilisateur, un bon logiciel vous permet d'optimiser votre temps et de vous concentrer sur l'essentiel : le contenu. Les logiciels modernes offrent des options d'édition en temps réel, de superposition graphique et de gestion audio avancée, rendant chaque diffusion plus immersive et engageante.

Dans cette section, nous vous présentons les logiciels les plus populaires parmi les streamers, qu'ils soient novices ou confirmés. Vous découvrirez les avantages et les inconvénients de chaque outil, ainsi que les fonctionnalités qui les rendent uniques. Que vous cherchiez un logiciel gratuit et accessible, ou une solution plus avancée pour un rendu digne des meilleurs, cette partie vous guidera dans votre choix et vous aidera à sélectionner l'outil le plus adapté pour amener votre chaîne à un niveau professionnel.

OBS Studio logiciel de diffusion ouvert

Présentation

OBS Studio est sans doute le logiciel de streaming le plus populaire, en grande partie parce qu'il est entièrement gratuit et open-source. Il est très puissant et offre une grande flexibilité pour les utilisateurs souhaitant personnaliser leurs streams.

Avantages

OBS Studio propose un large éventail de fonctionnalités, allant de la capture d'écran à l'ajout de multiples scènes et sources (vidéo, audio, images, etc.). Il est compatible avec toutes les principales plateformes de streaming et ne prend aucune commission sur vos revenus. De plus, grâce à sa communauté active, il existe une multitude de plugins et de modules d'extension pour étendre ses fonctionnalités (comme des plugins pour améliorer la qualité vidéo ou ajouter des intégrations spécifiques à Twitch).

Inconvénients

L'un des inconvénients majeurs d'OBS est sa courbe d'apprentissage. Il peut sembler complexe aux débutants, en raison de ses nombreuses options et paramètres. Il n'a pas d'assistance dédiée pour les novices, ce qui peut rendre la configuration initiale laborieuse si vous n'êtes pas à l'aise avec ce type de logiciels.

Streamlabs OBS SLOBS

Présentation

Basé sur OBS Studio, Streamlabs OBS (ou SLOBS) propose une interface plus conviviale et une intégration directe avec les plateformes comme Twitch et YouTube. Il est particulièrement apprécié par les streamers débutants grâce à sa facilité d'utilisation.

Avantages

SLOBS offre des fonctionnalités prêtes à l'emploi, comme des superpositions (superpositions graphiques) personnalisables, des alertes automatiques, et un système de don intégré. Il permet également d'accéder à une bibliothèque de thèmes et d'outils interactifs pour rendre votre stream plus attractif. En prime, il synchronise vos paramètres et vos données sur le cloud, ce qui permet de diffuser depuis plusieurs appareils sans reconfigurer le tout.

Inconvénients

Contrairement à OBS Studio, Streamlabs OBS consomme plus de ressources système, ce qui peut être un problème pour les streamers ayant des configurations moins puissantes. De plus, certaines fonctionnalités avancées sont réservées aux utilisateurs payants via Streamlabs Prime, un abonnement premium.

XSplit

Présentation
XSplit est un autre logiciel populaire, connu pour sa facilité d'utilisation et son interface intuitive. Il se décline en deux versions principales. XSplit Broadcaster (pour le streaming de contenu divers) et XSplit Gamecaster (plus spécialement orienté vers le streaming de jeux vidéo).

Avantages
XSplit propose une solution clé en main avec une interface conviviale et des outils puissants, comme la suppression d'arrière-plan automatique (sans écran vert) et l'intégration native des plateformes de streaming. Il permet également de multistreamer, c'est-à-dire de diffuser simultanément sur plusieurs plateformes. La qualité vidéo et audio est optimisée, avec des outils permettant un réglage fin pour ceux qui souhaitent obtenir le meilleur rendu possible.

Inconvénients
XSplit est un logiciel payant, ce qui peut représenter un frein pour ceux qui débutent ou qui préfèrent les solutions gratuites. Bien qu'il propose une version gratuite, celle-ci est limitée en fonctionnalités, notamment en termes de résolution vidéo (bloquée en 720p). Il est donc préférable pour les utilisateurs plus expérimentés ou ceux qui recherchent une qualité de stream professionnelle.

Vmix

Présentation

vMix est une solution plus avancée destinée aux streamers professionnels et aux productions de haute qualité. Ce logiciel est utilisé par de nombreux créateurs de contenu dans des secteurs tels que les webinaires, les émissions en direct, et même les événements sportifs.

Avantages	Inconvénients
vMix propose des fonctionnalités très avancées, telles que la gestion de multiples caméras, l'intégration de graphismes et la possibilité de diffuser en haute résolution jusqu'à la 4K. Il inclut également des outils de production en direct, permettant d'ajouter des effets visuels similaires, des transitions et des titres dynamiques.	Le principal inconvénient de vMix est son coût élevé, avec différentes versions selon les fonctionnalités souhaitées, dont certaines atteignent des centaines d'euros. Il est également plus complexe à maîtriser pour les débutants, et donc recommandé uniquement pour les utilisateurs ayant une certaine expérience ou des besoins spécifiques en matière de production vidéo

Lightstream

Présentation

Lightstream est une solution de streaming basée sur le cloud, ce qui signifie que la majeure partie du traitement est effectuée à distance, notamment la charge sur votre ordinateur. C'est une excellente option pour ceux qui ne possèdent pas un PC très puissant.

Avantages

La simplicité d'utilisation de Lightstream est l'un de ses atouts majeurs. Il suffit de se connecter à une plateforme (Twitch, YouTube, etc.), et le logiciel s'occupe de l'encodage à distance. Il propose également des fonctionnalités intéressantes comme l'invitation d'invités dans votre stream et la personnalisation visuelle via une interface simplifiée. De plus, étant basé sur le cloud, il ne nécessite pas de téléchargement ni d'installation de logiciels supplémentaires.

Inconvénients

La qualité vidéo de Lightstream peut être limitée par rapport à des logiciels comme OBS ou XSplit, car elle dépend en partie de votre connexion Internet. De plus, certaines fonctionnalités ne sont disponibles que via des abonnements payants.

Les fonctionnalités essentielles à rechercher

Quel que soit le logiciel de streaming que vous choisissez, il y a certaines fonctionnalités clés que vous devez rechercher pour garantir une expérience fluide et professionnelle

Gestion des scènes

La possibilité de créer et de basculer entre différentes scènes (par exemple, une scène pour la diffusion de jeu, une scène de pause, etc.) est essentielle pour garder un stream dynamique.

Superpositions et alertes personnalisées

La personnalisation de votre stream avec des superpositions (superpositions graphiques) et des alertes (lorsqu'un spectateur s'abonne, fait un don, etc.) permet de rendre votre stream plus engageant et professionnel.

Support multicanal

Si vous avez l'intention de diffuser sur plusieurs plateformes simultanément (multistream), vérifiez que le logiciel que vous choisissez prend en charge cette fonctionnalité.

Enregistrement local

Pouvoir enregistrer vos diffusions en haute qualité pour une utilisation ultérieure (montage, publication sur d'autres plateformes) est un plus.

Configuration audio avancée

Un bon logiciel de streaming doit permettre de gérer plusieurs sources audio (micro, musique de fond, son du jeu) et d'appliquer des effets pour améliorer la qualité sonore.

Conclusion sur les logiciels de streaming

Le choix de votre logiciel de streaming dépendra de vos besoins, de votre niveau de compétence et de votre budget. Pour les débutants, Streamlabs OBS ou Lightstream proposent une solution rapide et efficace pour démarrer sans se perdre dans des paramètres complexes. Pour les utilisateurs plus expérimentés, OBS Studio ou XSplit permettent un contrôle plus poussé et une personnalisation plus grande. Enfin, pour les professionnels exigeants en matière de production, vMix est l'outil idéal pour des streams de qualité supérieure. Prenez le temps de tester plusieurs options et trouvez celle qui correspond le mieux à votre style de streaming.

Créer une scène professionnelle : l'art de captiver votre public

Pour se démarquer dans l'univers compétitif du streaming, la présentation visuelle de votre stream est aussi importante que le contenu que vous diffusez. Une scène professionnelle bien conçue peut améliorer l'expérience de visionnage de vos spectateurs, les encourager à rester plus longtemps et à interagir davantage. Mais qu'est-ce qu'une scène exactement et comment la rendre à la fois attrayante et fonctionnelle ?

Qu'est-ce qu'une « scène » dans le streaming ?

Dans le monde du streaming, une scène désigne l'ensemble des éléments visuels présents à l'écran pendant que vous diffusez. Elle comprend non seulement la vidéo principale (vous ou votre jeu), mais aussi toutes les autres informations que vous choisissez d'afficher, comme les alertes, les superpositions graphiques, le chat en direct, ou même des caméras secondaires. Une scène efficace et bien structurée rend votre diffusion plus professionnelle , tout en améliorant l'engagement des spectateurs.
Dans les logiciels de streaming comme OBS Studio ou Streamlabs OBS , il est possible de créer et de basculer entre plusieurs scènes au cours de votre diffusion. Par exemple, vous pouvez avoir une scène pour votre écran de jeu , une autre pour un écran de pause , et une troisième pour une discussion avec votre public .

Les éléments d'une scène professionnelle

Pour créer une scène qui tient et retenir l'attention de votre public, plusieurs éléments doivent être soigneusement pensés et placés. Voici les composants principaux qui occupent une scène réussie.

Superpositions Overlays

Les superpositions sont des éléments graphiques qui s'affichent par-dessus votre flux vidéo. Elles peuvent inclure des bannières , des cadres pour votre webcam, des barres de progression pour les dons ou abonnements, et d'autres éléments visuels qui personnalisent votre stream.

Alertes

Les alertes sont des notifications visuelles et/ou sonores qui apparaissent lorsque des événements importants se produisent pendant le stream, comme un nouvel abonné, un don, ou un raid venant d'un autre streamer. Elles sont cruciales pour engager votre communauté et remercier vos spectateurs en temps réel.

Conseils : Choisissez des superpositions qui correspondent à l'identité visuelle de votre chaîne (couleurs, logo, thème). Gardez-les légères pour ne pas encombrer l'écran et détourner l'attention du contenu principal.
Veillez à ce que vos alertes soient bien visibles sans être trop intrusives. Les alertes animées sont populaires, mais assurez-vous qu'elles ne dissimulent pas du contenu principal. Vous pouvez également ajouter des fils personnalisés pour renforcer l'interaction.

Webcam et cadre de webcam

La webcam est souvent l'un des éléments les plus importants dans une scène, car elle permet à votre public de vous voir en direct et de se connecter avec vous sur un plan plus personnel. La webcam est généralement encadrée par un design graphique (cadre) qui ajoute du style et de la cohérence à l'ensemble de la scène.

Conseils : Positionnez votre webcam dans un coin de l'écran qui n'obstrue pas les parties importantes de votre contenu (comme l'interface d'un jeu). Un cadre autour de la webcam peut ajouter du professionnalisme, mais assurez-vous qu'il ne soit pas trop imposant.

Chat intégré

Pour les plateformes comme Twitch , YouTube , ou Facebook Gaming , l'interaction avec votre public est essentielle. De nombreux streamers préfèrent intégrer une fenêtre de chat directement dans la scène pour que les messages de l'audience soient visibles à l'écran.

Conseils : Cela permet non seulement de rendre l'interaction plus fluide, mais aussi d'encourager les spectateurs à participer. Assurez-vous que la taille du chat et le contraste de fond permettent une bonne lisibilité sans surcharger l'écran.

Éléments interactifs

En plus des superpositions et des alertes, vous pouvez ajouter des éléments interactifs à votre scène. Cela inclut des objectifs à atteindre (comme une barre de progression de dons ou d'abonnés), des sondages en direct, ou encore des widgets comme un compteur de spectateurs.

Conseils : Utilisez ces éléments pour encourager vos spectateurs à s'engager activement avec votre contenu. Par exemple, afficher une barre de progression des dons incite à contribuer, tandis que l'affichage des nouveaux abonnés renforce le sentiment de communauté.

Transitions

Les transitions sont les effets visuels qui se déclenchent lorsque vous passez d'une scène à l'autre. Elles peuvent être aussi simples qu'un fondu enchaîné ou plus élaborées, avec des animations personnalisées.

Conseils : Utilisez des transitions fluides et cohérentes avec le style de votre chaîne. Les transitions rapides sont généralement préférables pour ne pas ralentir le rythme du Stream.

L'importance de la lisibilité et de la clarté

Lorsque vous construisez une scène, un point essentiel à garder en tête est la lisibilité . Il est crucial que les éléments importants restent visibles et que le contenu principal ne soit pas étouffé par des détails secondaires. Une scène surchargée ou mal équilibrée peut frustrer les spectateurs, les amenant à quitter prématurément le Stream.

Espace négatif

Laissez de l'espace entre les différents éléments visuels pour éviter que l'écran ne paraisse trop chargé. L'espace négatif (les zones vides autour des éléments) permet de donner un aspect plus professionnel et aéré à votre diffusion.

Taille et positionnement des éléments

Assurez-vous que les informations les plus importantes, comme votre webcam, votre gameplay ou votre discussion, soient au centre de la scène, avec les autres éléments disposés autour de manière logique et peu intrusive.

Personnaliser sa scène : créer une identité visuelle

Votre scène est une représentation de votre identité de marque en tant que streamer. C'est elle qui aide les spectateurs à vous reconnaître rapidement et à se souvenir de vous. Pour renforcer cette identité visuelle, plusieurs éléments peuvent être personnalisés

Le choix des couleurs

Utilisez les couleurs qui correspondent à votre logo, votre bannière ou votre personnalité. Les couleurs vives peuvent capter l'attention, tandis que les tons plus neutres créent une ambiance calme et professionnelle.

Les police d'écriture

Choisissez une police de caractères qui soit lisible, même à distance, mais qui reflète aussi le ton et le style de votre chaîne. Si vous optez pour une esthétique professionnelle et sobre, une police simple et épurée sera plus adaptée. En revanche, si votre contenu est plus ludique, une typographie plus originale pourrait mieux correspondre.

Logos et branding personnel

Intégrez votre logo et autres éléments de branding dans vos scènes, que ce soit via votre superposition, vos alertes ou vos transitions. Cela aide à renforcer la mémorabilité de votre marque auprès de votre public.

Optimiser les scènes pour différents types de contenus

Votre scène doit également être adaptée au type de contenu que vous proposez. Voici quelques exemples :

- **Pour le streaming de jeux vidéo**

La scène doit avant tout laisser de la place pour le gameplay. Les éléments de la scène (caméra, alertes, chat) doivent être disposés de manière à ne pas gêner la vue sur le jeu.

- **Pour les sessions "Just Chatting"**

Dans ce type de Stream, où l'interaction avec l'audience est au cœur du contenu, l'accent doit être mis sur votre webcam et le chat. Vous pouvez également ajouter des éléments interactifs pour rendre la conversation plus fluide et engageante.

- **Pour les contenus créatifs (art, musique, etc.)**

Laissez de l'espace pour votre travail tout en veillant à ce que la caméra vous filme clairement. Les alertes doivent être subtiles pour ne pas interrompre la scène créatif, et le design global doit refléter l'esthétique artistique de votre contenu.

Conclusion

Créer une scène professionnelle exigeant de l'attention aux détails, mais c'est un investissement essentiel pour réussir dans le monde du streaming. Une scène bien conçue attire l'œil, rend votre contenu plus facile à suivre, et incite votre public à revenir pour de futurs streams. N'oubliez pas qu'il s'agit d'un processus évolutif : au fur et à mesure que votre chaîne grandit, vous pourrez ajuster et perfectionner vos scènes pour mieux correspondre aux attentes de votre communauté.

Interagir avec son chat bots : outils pour une meilleure interaction

L'interaction avec le chat en direct est l'un des aspects les plus importants et uniques du streaming. Contrairement aux formes de médias traditionnels comme la télévision ou les vidéos préenregistrées, le streaming offre une communication immédiate et bidirectionnelle entre le créateur et son public. Bien gérer cette interaction peut faire toute la différence entre un simple spectateur passif et un fan engagé qui reviendra pour chaque diffusion. Dans cette partie, nous allons explorer comment maximiser l'interaction avec votre chat grâce à des bots et des outils spécialement conçus pour cela.

L'importance de l'interaction avec le chat

Le chat est le cœur de la communauté de votre chaîne. Il permet aux spectateurs de se sentir connectés à vous, mais aussi entre eux, en créant une véritable dynamique sociale autour de vos streams. Une interaction réussie dans le chat peut transformer une simple diffusion en une expérience collective où chacun se sent impliqué.

Voici quelques raisons pour lesquelles l'interaction avec le chat est cruciale :

- **Fidélisation**

Répondez activement aux commentaires de votre chat montre à votre audience que vous les écoutez et que vous appréciez leur participation.

- **Engagement**

Plus vos spectateurs se sentent impliqués, plus ils sont susceptibles de rester tout au long du stream et d'interagir avec vous (via des abonnements, des dons, etc.).

Créer une communauté

L'interaction régulière avec votre chat permet de construire une communauté fidèle qui revient à chaque diffusion. Cependant, il peut être difficile de suivre un chat en direct, surtout si vous avez une grande audience. C'est là que les bots et les outils interactifs entrent en jeu.

Qu'est-ce qu'un bot de chat ?

Un bot de chat est un programme automatisé qui vous aide à gérer les interactions dans votre chat pendant vos diffusions. Il peut remplir diverses fonctions, telles que modérer les discussions, répondre automatiquement aux questions récurrentes, et encourager l'engagement des spectateurs via des mini-jeux ou des commandes personnalisées. Les bots sont essentiels pour soulager une partie de la charge de travail lorsque le chat devient trop actif pour que vous puissiez tout gérer manuellement.

Les bots de chat les plus populaires

Nightbot
Nightbot est l'un des bots de chat les plus utilisés par les streamers. Il est compatible avec plusieurs plateformes, comme Twitch, YouTube, et Discord, et est extrêmement facile à configurer.

Fonctionnalités
Nightbot peut modérer le chat en bloquant les spams, en supprimant les messages offensants, et en chronométrant ou bannissant les utilisateurs qui ne respectent pas les règles du chat. Il permet également de configurer des commandes personnalisées pour répondre automatiquement aux questions fréquentes (ex. : « !horaires » pour afficher vos heures de diffusion). Il intègre également un système de cadeau pour organisateur de concours en direct.

Avantages	Inconvénients
Nightbot est simple à utiliser et gratuit. Il offre des fonctions de base, mais puissantes, adaptées aux streamers de tous niveaux.	Les options de personnalisation sont limitées par rapport à d'autres robots plus avancés.

StreamElements

StreamElements est plus qu'un simple bot de chat c'est un outil tout-en-un pour les streamers. En plus de ses capacités de modération de chat, il offre des superpositions de stream, des alertes personnalisées et un système de dons.

Fonctionnalités

StreamElements inclut toutes les fonctions standard d'un bot, comme la modération , les commandes personnalisées , et la programmation de messages automatiques . Il propose également des modules interactifs , tels que des sondages en direct, des jeux de chat (mini-jeux où votre communauté peut s'affronter via le chat), et des systèmes de points de fidélité pour récompenser les spectateurs fidèles.

Avantages	Inconvénients
Il permet une personnalisation poussée et intégré dans une plateforme complète pour la gestion de vos superpositions, alertes et analyses de performances.	Sa richesse en fonctionnalités peut être intimidante pour les débutants, mais c'est un outil puissant pour ceux qui souhaitent aller plus loin dans la gestion de leur chaîne.

Moobot

Moobot est un autre bot populaire sur Twitch, principalement utilisé pour la modération . C'est une solution simple et intuitive pour ceux qui veulent automatiser la gestion de leur chat sans se perdre dans des fonctionnalités complexes.

Fonctionnalités

Moobot propose des options de modération automatique pour éviter les spams, les publicités indésirables, ou les mots offensants. Comme Nightbot, il permet également de créer des commandes personnalisées pour interagir avec votre public. Moobot est également apprécié pour sa fonctionnalité de sondages , vous permettant de solliciter l'avis de votre public en direct.

Avantages

Sa simplicité d'utilisation en fait un choix privilégié pour les streamers qui veulent une solution rapide et efficace.

Inconvénients

Moobot offre moins de fonctionnalités avancées que StreamElements ou certains autres bots.

Botisimo

Botisimo est un bot multiplateforme compatible avec Twitch, YouTube, Facebook Gaming et Discord. Il propose des fonctionnalités de modération, mais se distingue par ses outils de multistream (streaming sur plusieurs plateformes simultanément).

Fonctionnalités

Botisimo propose des récompenses de fidélité, des commandes personnalisées, des sondages, et des concours pour interagir avec votre communauté. Il se distingue également par ses intégrations multiplateformes, permettant aux streamers d'unir leurs communautés à travers différents réseaux sociaux et plateformes de diffusion.

Avantages

Son principal atout est son intégration sur plusieurs plateformes, ce qui en fait un excellent choix pour les streamers qui diffusent sur plusieurs services à la fois.

Inconvénients

Botisimo est payant pour accéder à ses fonctionnalités avancées, ce qui peut être un frein pour ceux qui recherchent une solution gratuite.

Outils pour améliorer l'interaction avec le chat

En plus des bots, il existe de nombreux outils supplémentaires pour améliorer l'interaction avec votre public en direct.

Sondages et sondages interactifs

Les sondages sont un excellent moyen d'engager vos spectateurs en leur permettant de voter sur des sujets spécifiques. Les outils comme StreamElements ou Moobot permettent d'organiser des sondages directement dans le chat. Ces sondages peuvent concerner le contenu de votre stream, des choix que vous faites dans un jeu, ou même des sujets de discussion.

Systèmes de points de fidélité

Les points de fidélité sont une méthode efficace pour récompenser les spectateurs qui reviennent régulièrement sur votre chaîne. Vous pouvez les utiliser pour encourager l'interaction, par exemple en permettant aux spectateurs d'échanger leurs points contre des récompenses spéciales (comme des screamouts, des participations à des jeux, ou des objets personnalisés).
StreamElements et Streamlabs proposent des systèmes de points intégrés, où les spectateurs accumulent des points en fonction de leur temps passé à regarder, de leurs interactions (comme les messages dans le chat), ou de leurs dons.

Mini-jeux et défis

Certains bots, comme StreamElements , permettent de créer des mini-jeux dans le chat, où vos spectateurs peuvent s'affronter entre eux. Ces mini-jeux renforcent le sentiment d'appartenance à une communauté tout en offrant un divertissement supplémentaire. Vous pouvez organiser des tombolas , des chasses au trésor , ou des batailles directement depuis votre chat.

Commandes personnalisées

Offrez à vos spectateurs la possibilité d'utiliser des commandes personnalisées (par exemple, « !music » pour connaître la musique de fond, ou « !setup » pour voir votre matériel) rendent l'interaction plus fluide et les rendent plus autonomes. Cela permet également de réduire la répétition des mêmes questions dans le chat.

Intégration des réseaux sociaux

Certains outils, comme Botisimo , permettent d'intégrer vos réseaux sociaux directement dans votre Stream. Cela peut inclure l'affichage des tweets de vos spectateurs, l'intégration des commentaires de YouTube ou Facebook, ou même l'organisation de concours et de cadeaux directement depuis vos réseaux sociaux.

Modération et automatisation pour une interaction saine
L'un des rôles principaux des bots est la modération automatique . Un chat actif peut vite devenir incontrôlable sans une bonne modération, surtout si vous incitez à attirer un large public. La modération automatisée vous aide à garder un environnement sain, tout en vous laissant vous concentrer sur votre contenu.

Modération et automatisation pour une interaction saine

L'un des rôles principaux des bots est la modération automatique . Un chat actif peut vite devenir incontrôlable sans une bonne modération, surtout si vous incitez à attirer un large public. La modération automatisée vous aide à garder un environnement sain, tout en vous laissant vous concentrer sur votre contenu.

Filtrer les spams

Les robots peuvent détecter et bloquer automatiquement les spams ou les liens publicitaires non désirés.

Gestion des comportements toxiques

Vous pouvez configurer des listes noires de mots pour éviter tout langage inapproprié ou offensant dans votre chat. Les bots peuvent éviter, chronométrer, ou bannir les spectateurs qui enfreignent les règles.

Alertes spécifiques

Configurez des alertes spécifiques pour vous notifier lorsque certaines actions se produisent dans le chat (ex. : un mot-clé ou un événement important), ce qui vous permet de répondre plus rapidement.

Conclusion

Maximiser l'interaction avec votre communauté
L'utilisation de bots et d'outils pour gérer et enrichir l'interaction avec le chat est devenue indispensable pour les streamers professionnels.

Ces outils non seulement facilitent la gestion de l'interaction, mais ils permettent également de créer une expérience plus engageante et dynamique pour vos spectateurs. En construisant une communauté active et impliquée, vous renforcez non seulement la qualité de vos diffusions, mais aussi la fidélité de votre public, ce qui est essentiel pour réussir en tant que streamer professionnel.

En maîtrisant les plateformes, logiciels et outils d'interaction, vous posez les fondements techniques de votre chaîne de streaming. Une diffusion soignée et interactive capte l'attention, mais pour fidéliser votre public, il est essentiel d'offrir un contenu qui se démarque et qui reflète votre personnalité unique. C'est là qu'interviennent les choix créatifs. Dans le prochain chapitre, nous allons explorer comment définir votre contenu et affiner votre niche. Que vous choisissiez de vous spécialiser dans le gaming, la musique, ou tout autre domaine, nous aborderons les méthodes pour identifier ce qui vous distingue et qui créera votre marque personnelle dans l'univers du streaming.

Chapitre 3 définir son contenu et sa niche

Trouver votre créneau : jeux, art, musique ou discussions

Dans le monde du streaming, la variété des contenus est presque infinie, et chaque créneau attire une audience spécifique avec ses attentes et ses préférences. Définissez votre créneau, c'est non seulement choisir le sujet central de vos diffusions, mais c'est aussi vous positionner au sein d'une communauté qui partage vos passions et qui sera réceptive à votre style et à vos idées. Que vous soyez attiré par le jeu, l'art, la musique ou les discussions interactives, prendre le temps de bien définir votre créneau vous aidera à construire une identité authentique et reconnaissable.

Le gaming : captiver les passionnés de jeux vidéo

Le gaming est l'un des créneaux les plus populaires et diversifiés du streaming. En tant que streamer de jeux vidéo, vous pouvez choisir de vous concentrer sur un genre spécifique, comme les jeux de rôle, les jeux de tir, ou encore les jeux de stratégie, ou bien sur des titres spécifiques. Devenir spécialiste d'un jeu en particulier (par exemple, un jeu multijoueur compétitif) peut attirer une communauté de passionnés qui reviendra pour vos astuces, conseils et performances. Mais le gaming ne se résume pas à la performance. De nombreux streamers de jeux se démarquent par leur personnalité, en interagissant de façon humoristique ou en ajoutant des défis pour divertir leur public.

Points clés :

- **Audience variée :**

de l'action frénétique des jeux de combat aux mystères des jeux d'aventure, le gaming a un large éventail de spectateurs.

- **Possibilité de se spécialiser :**

Un jeu spécifique ou un genre peut devenir votre marque, attirant un public spécifique.

- **Engagement communautaire :**

Les amateurs de gaming aiment l'interaction ; vos commentaires et stratégies ajoutent une dimension interactive qui enrichit leur expérience.

L'art : un contenu visuel captivant

L'art et la création visuelle en direct sont des contenus populaires, en particulier sur des plateformes où le visuel joue un rôle central. Que vous soyez illustrateur, graphiste, sculpteur numérique ou même calligraphe, le streaming artistique a des spectateurs fascinés par le processus de création. Voir une œuvre se construire en temps réel permet à l'audience de découvrir les techniques, le style et les subtilités du travail de l'artiste. Les créateurs de contenu artistique trouvent souvent une communauté fidèle d'autres passionnés d'art et de curieux qui prolongent l'intimité et la concentration du travail créatif.

Points clés :

- **Public fidèle :**

Les amateurs d'art reviennent souvent pour suivre l'évolution des œuvres ou les différentes étapes de création.

- **Aspect éducatif :**

Expliquez vos techniques, vos inspirations, ou répondez aux questions des spectateurs sur vos méthodes ajoute une valeur pédagogique.

- **Esthétique et ambiance :**

Le streaming artistique crée une atmosphère propice à la détente, qui attire les spectateurs en quête d'un contenu plus apaisant.

La musique : performance et création en direct

La musique, qu'elle soit acoustique, électronique, ou vocale, se prête merveilleusement au streaming en direct. Que vous soyez interprète, compositeur, ou DJ, diffuseur vos sessions musicales en direct permet de partager votre passion tout en offrant un contenu original et immersif. De plus, la musique peut être improvisée en fonction des réactions du chat, ce qui crée une interaction unique entre l'artiste et son public. Ce créneau offre également la possibilité de proposer des « sessions de demande », où les spectateurs peuvent suggérer des chansons ou des styles, rendant l'expérience encore plus engageante.

Points clés :

- **Interaction dynamique :**

Les spectateurs peuvent influencer la session, par exemple en suggérant des morceaux ou des styles de musique.

- **Originalité et spontanéité :**

La musique en direct permet d'improviser, de tester de nouveaux sons, ou de montrer les coulisses de la composition.

- **Atmosphère immersive :**

Le streaming musical crée une ambiance unique et intimiste qui attire un public recherchant un moment de détente ou d'inspiration.

Les discussions interactives : créer du lien et du partage

Le créneau des discussions interactives, qu'on appelle souvent « Just Chatting », est idéal pour ceux qui aiment échanger directement avec leur public. Ce type de contenu repose principalement sur la personnalité du streamer, ses avis, et sa capacité à animer des conversations intéressantes. Vous pouvez aborder des sujets d'actualité, partager vos expériences de vie, ou même organiser des débats. Ce créneau est très prisé car il crée un espace convivial où les spectateurs peuvent se sentir directement inclus dans la conversation, comme s'ils participaient à une discussion entre amis.

Points clés :

- **Authenticité :**

Les spectateurs sont attirés par des échanges authentiques et directs qui les incluent dans la discussion.

- **Large éventail de sujets :**

Vous pouvez aborder tout type de thème, des expériences personnelles aux sujets d'actualité, ce qui permet d'attirer des publics variés.

- **Interaction accrue :**

Les discussions offrent un excellent niveau d'interaction et de proximité avec les spectateurs, en les invitant directement dans le dialogue.

Comment choisir votre créneau ?

Le choix de votre créneau doit se faire en fonction de votre personnalité, de vos compétences et de vos passions. Un créneau qui vous motivera naturellement sera plus facile à maintenir sur le long terme et vous permettra de transmettre une énergie sincère à vos spectateurs. De plus, en fonction de votre contenu, vous attirerez des spectateurs qui partagent vos intérêts, ce qui rendra l'expérience de streaming bien plus agréable et interactive.

Créer du contenu qui engage

Un bon contenu est essentiel pour attirer un public, mais un contenu engageant est ce qui vous permet de fidéliser et de transformer des spectateurs en une véritable communauté. Un contenu engageant ne repose pas uniquement sur le sujet abordé, mais surtout sur la façon dont il est présenté et sur l'expérience interactive que vous offrez à votre public. Dans cette sous-partie, nous examinons les éléments clés pour concevoir des diffusions captivantes et enrichir l'expérience de vos spectateurs afin qu'ils reviennent et participent activement à chaque Stream.

Soyez authentique et spontané

Les spectateurs de streaming recherchent bien plus que des informations simples ou des techniques de démonstrations ; ils viennent pour vivre une expérience en temps réel avec quelqu'un qui leur semble accessible et authentique. La spontanéité et l'authenticité créent une connexion réelle avec votre public, qui s'identifie à vous et se sentent à l'aise dans votre univers.

N'ayez pas peur de montrer votre personnalité, vos passions, voire vos petits moments d'improvisation. Ce sont ces touches personnelles qui rendent votre contenu unique et qui encouragent les spectateurs à s'investir dans votre chaîne.

Conseils pour rester authentique :

- **Partagez vos expériences :**

Parler de votre parcours, de vos réussites et même de vos échecs rend votre contenu plus humain.

- **Soyez vous-même :**

Adoptez un ton naturel ; les spectateurs ressentent facilement les comportements forcés, et cela peut les éloigner.

- **Osez l'improvisation :**

Laissez place à des moments improvisés qui démontreront votre créativité ou votre sens de l'humour.

Établissez une interaction active avec le chat

L'un des principaux avantages du streaming est la possibilité d'interagir en temps réel avec votre public. Une interaction active rend les spectateurs partie prenante du stream et les pousse à rester plus longtemps. En répondant aux questions, en saluant les nouveaux arrivants, ou en réagissant aux commentaires, vous transformez vos spectateurs en participants. Cette interaction crée un sentiment de proximité et de reconnaissance qui peut les encourager à revenir régulièrement.

Astuces pour une meilleure interaction :

- **Encouragez les questions et les retours :**

Invitez votre public à poser des questions ou à donner leur avis sur le contenu.

- **Utilisez les commandes interactives :**

Configurez des commandes dans le chat qui permettent aux spectateurs d'interagir de manière ludique.

- **Créez des moments dédiés à la discussion :**

Prévoyez des pauses pendant lesquelles vous vous adressez directement au chat pour lire et répondre aux commentaires.

Variez les formats pour dynamiser vos diffusions

Un contenu engageant est souvent un contenu diversifié. Varier les formats permet d'éviter la monotonie et de surprendre votre public. Au lieu de reproduire un même type de diffusion, diversifiez les expériences pour maintenir l'attention de vos spectateurs. Vous pouvez, par exemple, alterner entre des sessions de jeu classiques, des discussions interactives, des tutoriels, ou même des défis.

Idées de formats pour captiver votre audience :

- **Sessions Q&R :**

Organisez des séances où vous répondez aux questions de vos spectateurs sur un thème précis, ou même sur votre propre parcours.

- **Défis en direct :**

Impliquez votre public dans des défis amusants, comme jouer avec des restrictions (ex : sans musique, en altérant la difficulté) ou participez à des défis lancés par le chat.

- **Invitations spéciales :**
Invitez d'autres créateurs ou même des membres de votre communauté pour des échanges uniques et des collaborations.

- **Stream communautaire :**
Proposez des sessions de jeu ou d'activités où votre communauté peut interagir directement avec vous.

Utilisez les outils d'engagement

Les plateformes de streaming proposent divers outils pour rendre vos diffusions plus engageantes, allant des sondages en direct aux mini-jeux dans le chat. Ces outils permettent de captiver l'audience et d'inclure des interactions supplémentaires au-delà des simples échanges verbaux. Des systèmes de points de fidélité, des sondages en temps réel et des alertes de participation peuvent transformer une diffusion en une expérience immersive et participative.

Outils d'engagement à intégrer :

- **Sondages et votes :**
Demandez à vos spectateurs de choisir le sujet de la séance, le niveau de difficulté, ou même les jeux auxquels vous jouerez.

- **Points de fidélité et récompenses :**
Offrez des points de fidélité que les spectateurs peuvent partager contre des récompenses spéciales, comme des actions personnalisées en direct.

- **Alertes et notifications :**

Configurez des alertes pour célébrer les abonnements, les dons ou les messages spéciaux, renforçant ainsi l'interaction.

- **Mini-jeux de chat :**

Créez des mini-jeux pour divertir votre public et encourager une participation continue.

Créez une routine et des rendez-vous réguliers

Un contenu engageant ne se limite pas à une diffusion unique. Pour fidéliser votre public, il est important d'instaurer une régularité et de créer des rendez-vous récurrents que vos spectateurs attendront avec impatience. Cela peut être une diffusion hebdomadaire, une série thématique ou même un événement mensuel. La constance dans vos horaires et dans vos formats aide à instaurer une habitude chez vos spectateurs, qui sauront quand se connecter pour ne rien manquer de vos diffusions.

Idées de rendez-vous réguliers :

- **Sessions thématiques :**

Proposez chaque semaine une thématique spécifique, comme une soirée jeu, un débat sur un sujet particulier, ou une session dédiée à l'art.

- **Journée de la communauté :**

Consacrez une session à votre communauté, où vous pouvez répondre à leurs questions, jouer avec eux, ou même organiser des concours avec des lots à gagner.

- **Rétrospective mensuelle :**

Prenez un moment chaque mois pour faire le point sur les

meilleurs moments passés ensemble, discutez de vos projets, et remerciez votre public.

Conclusion et transition vers la suite

Un contenu engageant est avant tout un contenu vivant, dans lequel votre public s'envoient impliquée et stimulée. En faisant preuve d'authenticité, en instaurant une interaction dynamique, et en explorant des formats variés, vous posez les bases d'une expérience de streaming unique qui habille et fidélise votre public.

Jouer en solo ou collaborer ?

Dans le monde du streaming, la question de jouer en solo ou de collaborer avec d'autres créateurs peut grandement influencer la dynamique de votre contenu et l'attrait de votre chaîne. Chacune de ces options offre des avantages uniques et permet d'attirer des publics variés. Si le streaming en solo met en valeur votre personnalité et vos compétences, la collaboration, elle, peut ouvrir de nouvelles perspectives, introduire une dose d'imprévu et renforcer l'interactivité de vos sessions.

Les avantages du streaming en solo

Le streaming en solo est l'approche la plus simple pour débuter. Elle vous donne le contrôle total de votre contenu, de votre rythme, et de vos choix de jeu ou d'activités. En streamant seul, vous êtes libre de structurer vos diffusions à votre guise, ce qui permet à votre public de se familiariser avec votre style et votre personnalité sans distractions extérieures.

Points forts du streaming en solo :

- **Personnalisation totale :**

Vous avez la liberté de choisir le contenu, les horaires et la manière de conduire vos sessions.

- **Lien direct avec votre public :**

En l'absence de partenaires de jeu, toutes vos interactions se concentrent sur votre communauté.

- **Établir votre marque personnelle :**

Jouer en solo permet de créer un style propre et distinctif, qui renforce votre identité de créateur.

Cependant, le streaming en solo peut aussi devenir exigeant, notamment dans les moments où l'interaction avec le chat ralentit ou lorsque vous manquez d'inspiration. Il peut donc être utile d'intégrer des éléments variés pour garder une diffusion solo dynamique et captivante.

Les avantages de la collaboration

Collaborer avec d'autres streamers, amis ou membres de votre communauté peut apporter une énergie nouvelle à vos diffusions. La collaboration multiplie les opportunités d'interactions et ajoute une dynamique de groupe qui tient souvent l'audience des deux parties. Lorsque vous jouez ou discutez avec un autre créateur, vous partagez vos expériences respectives, ce qui peut conduire à des moments inattendus et divertissants. De plus, la collaboration permet à chaque streamer de bénéficier de l'audience de l'autre, ce qui peut augmenter votre visibilité et attirer de nouveaux spectateurs.

Points forts de la collaboration :

- **Diversité de contenu :**
La présence de plusieurs personnalités enrichit le contenu et crée des échanges uniques et dynamiques.

- **Augmentation de la visibilité :**
En collaborateur, vous avez accès à l'audience de l'autre créateur, augmentant ainsi la portée de votre chaîne.

- **Expérience enrichissante pour les spectateurs :**
Les interactions entre streamers peuvent renforcer l'aspect divertissant et offrir à votre public une perspective plus large.

Les collaborations nécessitent cependant une bonne organisation pour assurer une diffusion fluide et une entente entre créateurs. Trouver des horaires de créneaux compatibles et s'accorder sur les modalités de diffusion est essentielle pour que l'expérience reste agréable et harmonieuse.

Comment choisir ?

La décision de streamer en solo ou de collaborer peut dépendre de vos objectifs, de votre personnalité et du type de contenu que vous souhaitez offrir. Si vous aimez un format plus intime et contrôlé, le streaming en solo est peut-être mieux adapté. En revanche, si vous êtes à la recherche de nouveautés, de spontanéité et de possibilités d'expansion, la collaboration peut être une excellente option.
L'idéal est souvent d'alterner les deux approches pour offrir un contenu équilibré et garder votre public engagé.

Alternativement, de nombreux streamers adoptent des jours de collaboration réguliers pour offrir une structure que leurs spectateurs peuvent anticiper, tout en se réservant des sessions en solo pour renforcer leur lien direct avec leur communauté.

Avec ces différentes options en tête, il ne reste qu'à trouver le juste équilibre entre les moments en solo et les collaborations pour enrichir vos diffusions et atteindre un public plus large.

Diversification : Comment élargir son audience avec du contenu varié

Dans un monde de streaming où l'offre de contenu est abondante, diversifier son contenu peut être une stratégie puissante pour se démarquer et attirer une audience plus large. La diversification permet non seulement de répondre aux intérêts variés de votre public existant, mais aussi de toucher de nouveaux spectateurs qui peuvent devenir des membres fidèles de votre communauté. Que vous exploriez de nouvelles catégories de jeux, intégriez des formats uniques, ou proposez des séries thématiques, variez votre contenu ajouté de la richesse à votre chaîne et suscite la curiosité de vos viewers. Par exemple, intégrer des sessions de discussion, des tutoriels, des collaborations ou des événements spéciaux peut renouveler l'intérêt de votre audience et donner envie à de nouveaux spectateurs de découvrir votre chaîne. La clé est de rester fidèle à votre style tout en expérimentant avec des formats qui mettent en valeur vos compétences et votre personnalité. En enrichissant régulièrement votre contenu, vous créez un espace dynamique et attractif qui incite les viewers à revenir et à s'engager plus profondément avec vous.

Explorer des catégories de contenu différent

Si vous êtes principalement orienté vers un type de contenu, comme les jeux vidéo, envisagez d'introduire des sessions centrées sur d'autres types de contenu qui peuvent captiver un public complémentaire. Par exemple, si vous streamez principalement des jeux de rôle, essayez d'ajouter des sessions de « Just Chatting » pour échanger plus directement avec votre audience, ou proposez des discussions sur des sujets d'actualité, la pop culture, ou même des analyses de jeux. De même, si votre contenu principal est axé sur la musique, pourquoi ne pas organiser des sessions de découverte musicale ou des analyses d'albums pour attirer des mélomanes ?

Idées de diversification :

Session Q&R ou discussions libres :
Permettez à votre audience de mieux vous connaître et de poser leurs questions.

Tutoriels ou conseils :
Proposez des sessions où vous partagez des astuces sur des sujets que vous maîtrisez, comme les jeux, la création artistique, ou la musique.

Contenu éducatif :
Créez des vidéos où vous expliquez des concepts techniques ou artistiques, ce qui peut attirer un public curieux et en quête d'apprentissage.

Instaurer des séries thématiques pour fidéliser votre public

Les séries thématiques sont un excellent moyen de garder votre public engagé, en offrant un contenu récurrent que les spectateurs attendront chaque semaine. Vous pouvez choisir un thème spécifique, comme « Découverte de nouveaux jeux chaque vendredi », « La soirée défis » ou même une série de créations artistiques avec des étapes d'évolution. Ce type de rendez-vous crée un sentiment d'attente et d'appartenance, incitant les spectateurs à revenir régulièrement pour suivre l'évolution ou l'issue de la série.

Exemples de séries thématiques :

Découverte d'un jeu rétro :
Revivez les classiques du jeu vidéo avec des sessions spéciales.

Les soirées défis :
Organisez des défis amusants ou inattendus que vous réalisez en direct, parfois même inspirés par des suggestions de votre audience.

Sessions collaboratives récurrentes :
Invitez des partenaires réguliers pour des collaborations, créant ainsi une mini-série captivante.

Créer du contenu en lien avec les événements populaires

S'adapter aux tendances actuelles et aux événements peut grandement attirer l'attention des nouveaux spectateurs. En diffusant du contenu en lien avec des événements importants, des nouveautés, ou des actualités dans votre domaine, vous vous positionnez comme un créateur réactif et pertinent. Par exemple, si une nouvelle mise à jour de jeu ou une série très attendue est lancée, consacrez une diffusion à cette actualité, ce qui attire l'attention des fans et de curieux.

Conseils pour tirer partie des tendances :

- **Proposez des analyses ou des tests en avant-première :**

Si vous avez accès à une nouvelle version d'un jeu ou d'un logiciel, partagez vos premières impressions.

- **Diffusez des événements spéciaux en direct :**

Par exemple, regardez et commentez en direct une conférence, une compétition, ou une présentation qui passionne votre public.

- **Adaptez-vous aux saisons et fêtes :**

Organisez des séances thématiques pour les fêtes de fin d'année, Halloween, ou même des événements sportifs majeurs.

Adapter le format pour attirer différents types de spectateurs

Enfin, jouer avec les formats est un autre moyen efficace de diversifier le contenu de votre chaîne. Vous pouvez organiser des streams plus courts pour capter l'attention de ceux qui ont moins de temps, ou au contraire, proposer des sessions marathon pour des événements spéciaux. Mixer des formats plus interactifs, comme les sondages en direct ou les défis lancés par l'audience, permet d'adapter votre contenu aux différents types de spectateurs et d'augmenter leur engagement.

Idées de formats diversifiés :

- **Sessions courtes et dynamiques :**

Idéal pour des tests rapides de jeux, des réactions, ou des défis éclairs.

- **Marathons :**

Organisez des sessions longues pour des événements spéciaux, comme un marathon de jeux, des œuvres d'art en continu, ou même des défis de fond.

- **Diffusions interactives :**

Faites participer votre public en permettant leur de décider du cours de la diffusion grâce à des sondages, des votes ou des commandes interactives.

En variant votre contenu, non seulement vous stimulez l'intérêt de vos spectateurs actuels, mais vous ouvrez également de nouvelles portes pour attirer des publics diversifiés. La diversification vous permet ainsi de bâtir une chaîne riche et dynamique, qui séduit à la fois les fidèles de la première heure et les nouveaux venus en quête d'originalité.

Chapitre 4
Construire une communauté fidèle

L'importance de la régularité et de l'engagement

L'un des piliers pour bâtir une communauté fidèle sur une plateforme de streaming repose sur la régularité et l'engagement. Ces deux aspects vont bien au-delà du simple fait de diffuser : ils touchent à l'expérience que vous offrez à votre public et à la constance de votre présence. Pour que les spectateurs s'investissent dans votre contenu et reviennent, il est crucial d'établir une relation de confiance, qui se construit par des habitudes de diffusion solides et une interaction authentique avec votre communauté.

Pourquoi la régularité est essentielle

La régularité vous permet de donner des repères à votre audience et de créer des habitudes. Lorsque vous diffusez de manière cohérente, à des jours et heures prévus, vos spectateurs savent quand vous retrouver et peuvent adapter leur emploi du temps pour être présents. La constance des horaires installe une routine, créant un rendez-vous régulier que votre public attendra avec impatience. C'est ce type de prévisibilité qui favorise une base de fans engagés et assidus.

Conseils pour maintenir la régularité :

- **Fixez un emploi du temps réaliste :**
Choisissez des jours et des créneaux qui s'intègrent facilement à votre propre quotidien pour que la régularité soit durable.

- **Informez votre audience :**
Utilisez des outils comme les réseaux sociaux, les panneaux de votre chaîne ou les plateformes de messagerie pour rappeler vos horaires de diffusion.

- **Préparez des séances en avance :**

Planifiez vos diffusions à l'avance et anticipez les éventuelles difficultés pour ne pas déroger à votre emploi du temps.

Engagement : un facteur de fidélisation

Si la régularité attire l'audience, c'est l'engagement qui la fidélise. Les spectateurs de streaming aiment sentir qu'ils font partie d'une communauté accueillante et interactive. En étant présent pour eux, en les saluant, en répondant à leurs commentaires et en les impliquant dans votre contenu, vous leur offrez une expérience unique et inclusive. Cet engagement construit une relation de proximité avec chaque membre de votre public, les incitant à s'investir davantage et à revenir.

Stratégies pour renforcer votre engagement :

- **Interagissez activement pendant les diffusions :**

Prenez le temps de lire et répondez aux messages de votre chat, d'accueillir les nouveaux arrivants et de réagir aux commentaires.

- **Utilisez des outils interactifs :**

Les sondages, les récompenses de points de fidélité et les jeux intégrés au chat rendent l'expérience plus ludique et participative.

- **Exprimez votre reconnaissance :**

N'oubliez pas de remercier régulièrement votre audience pour son soutien, que ce soit par des remerciements en direct, des screamouts ou des récompenses symboliques.

Comment trouver l'équilibre entre régularité et spontanéité ?

Une présence régulière ne signifie pas un contenu rigide. Intégrer une part de spontanéité peut être un moyen puissant de surprendre et de maintenir l'intérêt de votre public, sans pour autant sacrifier votre engagement à être régulier. Par exemple, tout en maintenant un horaire fixe, vous pouvez organiser de temps à autre des sessions imprévues ou thématiques, qui surprendront agréablement vos spectateurs.

Astuces pour intégrer de la spontanéité :

- **Bonus de sessions :**
Ajoutez des streams supplémentaires en dehors de vos créneaux habituels pour surprendre votre public.

- **Événements spéciaux :**
Organisez des événements ponctuels, comme des soirées à thème, des défis ou des collaborations exclusives.

- **Adaptation aux réactions de l'audience :**
Lors de chaque diffusion, soyez attentif aux commentaires et aux suggestions de votre chat pour ajuster votre contenu en temps réel.

Le pouvoir de la constance dans la construction de votre communauté

En alliant régularité et engagement, vous construisez les bases d'une relation solide avec votre public. Les spectateurs qui se sentent, reconnus et valorisés seront plus enclins à revenir régulièrement et à soutenir activement votre chaîne.

Avec le temps, cette approche vous permettra de transformer de simples spectateurs en membres fidèles de votre communauté, prêts à vous suivre dans vos nouveaux projets et à promouvoir votre chaîne auprès d'autres passionnés. La régularité et l'engagement sont des éléments fondamentaux de toute stratégie de croissance sur les plateformes de streaming. Grâce à ces pratiques, vous poserez les bases d'une communauté stable et dévouée, qui vous soutiendra et grandira avec vous au fil de votre aventure de streaming.

Interagir avec ses followers : La clé de la longévité

L'interaction avec les followers est au cœur de la création d'une communauté solide et engagée sur le long terme. Sur les plateformes de streaming, les spectateurs cherchent souvent bien plus qu'un simple divertissement : ils recherchent un lieu où se sentir impliqués, écoutés, et valorisés. En établissant des interactions authentiques et en cultivant une atmosphère conviviale et accueillante, vous transformez votre public en une communauté fidèle, prête à vous soutenir sur le long terme.

Faire des spectateurs des participants actifs

La première étape pour fidéliser vos followers est de les inclure dans votre contenu en leur donnant une place active dans vos sessions. Au-delà de l'aspect technique du stream, ce sont les moments d'échange, les blagues partagées, et les conversations spontanées qui créent un lien. Le simple fait de saluer les spectateurs, de répondre à leurs questions ou de leur demander leur avis sur le déroulement de la session peut déjà rendre l'expérience plus vivante et plus interactive.

Conseils pour impliquer vos spectateurs :

- **Répondez aux messages :**

Faites en sorte que chaque spectateur se sentent entendu en répondant directement à leurs commentaires ou en les mentionnant dans votre conversation.

- **Demandez leur avis :**

Que ce soit pour des choix de jeu, des stratégies ou des décisions à prendre, sollicitez leur avis et faites-les participer.

- **Organisez des jeux et défis en direct :**

Proposez des activités dans lesquelles les spectateurs peuvent directement influencer le cours du stream, comme des défis ou des questions-réponses.

Utiliser les noms et personnaliser l'interaction

La personnalisation est un outil puissant pour montrer à chaque follower qu'il ou elle est important(e) pour vous. L'utilisation du nom des spectateurs, la reconnaissance de ceux qui sont fidèles, et même la célébration des nouvelles arrivées renforcent l'impression d'appartenance. Ces petites attentions font souvent une grande différence, car elles montrent à vos followers que vous les considérez comme des membres individuels de votre communauté, et pas simplement comme des chiffres.

Astuces pour personnaliser l'interaction :

- **Utilisez les prénoms :**

Si un follower régulier revient, prenez le temps de le saluer par son nom.

- **Célébrez les abonnements et les dons :**

Remerciez chaleureusement ceux qui soutiennent votre chaîne, que ce soit par un abonnement, un don ou toute autre forme de soutien.

- **Créez des rituels ou des clins d'œil :**

Créez des rituels spécifiques pour saluer votre public, des expressions uniques, ou des signes de reconnaissance qui deviendront des symboles pour votre communauté.

Créer des moments exclusifs pour renforcer l'engagement Offrir à vos followers des moments exclusifs ou du contenu réservé renforce le sentiment d'appartenance. Il peut s'agir de streams privés pour vos abonnés, de concours exclusifs, ou de prévisualisations de futurs projets. Ces exclusivités démontrent à votre communauté que vous valorisez leur soutien et leur fidélité, et cela encourage une participation active et régulière.

Idées de contenus exclusifs :

- **Streams pour abonnés uniquement :**

Organisez des sessions spéciales réservées aux abonnés pour offrir un contenu unique et privilégier ceux qui vous soutiennent.

- **Concours et cadeaux :**

Proposez des tirages au sort, des concours de défis ou des petits cadeaux pour récompenser l'engagement de vos followers.

- **Avant-premières et teasers :**

Présentez des extraits ou des informations sur vos futurs projets pour garder l'intérêt et la curiosité de votre public.

Être authentique et rester soi-même

Les followers sont attirés par les streamers qui restent authentiques et montrent leur vraie personnalité. Dans un monde numérique où tout peut paraître lointain, votre authenticité devient le ciment de votre relation avec votre communauté. Soyez honnête sur vos expériences, partagez vos opinions, et n'ayez pas peur de montrer vos failles ou vos moments de vulnérabilité. Ce sont souvent ces moments sincères qui marquent le plus et qui permettent de construire un lien durable avec vos spectateurs.

Conseils pour rester authentique :

- **Exprimez-vous naturellement :**

Parlez à votre public comme vous parleriez à des amis, sans chercher à jouer un rôle.

- **Partagez vos réussites et vos échecs :**

Montrez à vos followers que vous êtes humain, avec vos hauts et vos bas, ce qui rendra votre parcours plus inspirant et réel.

Soyez transparent :

Si vous devez interrompre un stream ou faire face à un imprévu, expliquez simplement la situation à votre communauté. La transparence renforce la confiance.

En interagissant de manière authentique et en prenant soin de chaque membre de votre communauté, vous créez une atmosphère conviviale où chacun se sent le bienvenu. Cette attention aux détails et cette proximité vous permettront de bâtir une communauté fidèle, qui continuera à vous et à vous soutenir, modifiant les fluctuations de la plateforme ou de vos choix de contenu. Une communauté engagée et solidaire est la meilleure assurance pour la pérennité de votre chaîne.

Gérer les trolls et le négatif stratégies pour maintenir une bonne ambiance

Même les meilleures communautés ne sont pas à l'abri des trolls et des commentaires négatifs. Que ce soit des remarques irrespectueuses, des insultes, ou des perturbations dans le chat, ces comportements peuvent nuire à l'atmosphère de votre chaîne. Savoir gérer ces situations avec maturité et fermeté est essentiel pour préserver la bonne humeur et le confort de vos abonnés. En mettant en place des stratégies de modération efficaces, vous encouragez une ambiance positive, où chacun se envoie en sécurité et respecté.

Reconnaître et distinguer les différents types de négativité

Tous les commentaires négatifs n'ont pas la même intention, et il est important de distinguer les trolls de ceux qui expriment simplement une critique ou un désaccord légitime. Savoir identifier les remarques malveillantes, provocatrices ou répétitives permet d'agir rapidement pour limiter leur impact. Un troll cherche généralement à attirer l'attention ou à provoquer des réactions vives. Les spectateurs habituels de votre chaîne entraînent souvent que vous sachiez faire preuve de discernement, en réagissant aux critiques constructives et en ignorant les provocations vides de sens.

Conseils pour différencier les types de commentaires :

Distinguez la critique constructive du troll :
Une critique formulée de manière respectueuse peut enrichir

le Stream et offrir des perspectives, contrairement aux remarques malveillantes.

- **Repérez les comportements répétitifs :**

Si un spectateur revient régulièrement avec des remarques négatives sans raison apparente, il s'agit probablement d'un troll.

- **Ne prenez pas tout personnellement :**

En tant que streamer, certaines réactions sont inévitables ; Apprenez à les voir comme des défis mineurs plutôt que des attaques personnelles.

Mettre en place une modération proactive

Une bonne modération est la clé pour limiter les perturbations en direct. Choisir des modérateurs de confiance ou configurer des robots de modération vous permet de filtrer les contenus négatifs ou inappropriés avant qu'ils n'aient un impact. Les bots de modération, comme Nightbot ou Streamlabs Chatbot, proposent des filtres pour bloquer les mots interdits, les spams, et d'autres comportements indésirables, ce qui peut alléger la charge de travail des modérateurs humains.

Pratiques de modération efficaces :

- **Nommez des modérateurs fiables :**

Choisissez des modérateurs parmi vos followers de confiance, capables d'agir rapidement et calmement face aux trolls.

- **Utilisez des filtres et des bots :**

Programmez des bots pour bannir les mots offensants ou

bloquer les liens non autorisés.

Élaborez des règles claires : Affichez des règles de conduite visibles pour informer votre public des comportements acceptables. Cela sert de rappel pour vos spectateurs et de guide pour vos modérateurs.

Adopter une attitude professionnelle face aux perturbations

Il est parfois tentant de répondre aux trolls, mais le faire peut souvent alimenter davantage de négativité. Restez calme et, si possible, ignorez les remarques déplacées pour ne pas déranger l'audience principale. Gardez en tête que chaque réaction tenue de l'attention sur les trolls, ce qui est précisément ce qu'ils recherchent. L'adoption d'une attitude professionnelle et détachée renforce votre crédibilité auprès de votre communauté et montre que vous privilégiez l'expérience positive de vos spectateurs fidèles.

Conseils pour gérer les trolls avec maturité :

- ### Restez impassible :
Ignorez les provocations inutiles, ou adressez-les concrètement sans y revenir.

- ### Tournez en dérision :
Parfois, une réponse humoristique sans méchanceté désamorce la situation sans pour autant encourager les trolls.

- ### Utilisez le bannissement temporaire :
Les trolls persistants peuvent être bannis temporairement pour les dissuader sans utiliser des mesures trop radicales.

Créer un environnement de bienveillance

Encourager une culture de bienveillance et de respect peut aussi contribuer à dissuader les comportements négatifs. En renforçant un climat chaleureux et respectueux, vous incitez vos spectateurs à suivre cet exemple. Les followers fidèles et positifs défendront souvent eux-mêmes cet environnement et n'hésiteront pas à signaler les perturbateurs, renforçant ainsi le sentiment de sécurité de votre communauté.

Stratégies pour promouvoir la bienveillance :

- **Remerciez les interactions positives :**

Montrez votre gratitude pour les commentaires constructifs et les interactions respectueuses, encourageant ce type de comportement.

- **Mettre en avant les bonnes pratiques :**

Valorisez les spectateurs qui soutiennent les autres ou qui participent de manière constructive.

- **Encouragez les valeurs de respect et de soutien :**

rappelez-vous régulièrement que votre communauté est un espace de partage, où chacun peut être lui-même sans craindre le jugement.

Gérer les trolls et les comportements négatifs exigent de la patience, mais avec une modération proactive et une attitude calme, vous pouvez minimiser leur impact. En créant une ambiance agréable et respectueuse, vous assurez à votre communauté un espace sécurisé et propice à l'engagement, garantissant une expérience de streaming agréable pour tous.

Chapitre 5
Monétiser son stream

Devenir affilié ou partenaire sur les plateformes

Pour les streamers souhaitant transformer leur passion en source de revenus, atteindre les statuts d'affilié ou de partenaire sur les grandes plateformes de streaming est souvent la première étape. Ces statuts, proposés par des plateformes comme Twitch, YouTube, ou Facebook Gaming, offrent des outils de monétisation et des avantages exclusifs permettant de professionnaliser son activité. Comprendre les critères et les conditions d'obtention de ces statuts est essentiel pour orienter ses efforts et s'assurer une progression régulière.

Statut d'affilié : un premier pas vers la monétisation

Le statut d'affilié est souvent le premier niveau accessible de monétisation. Sur Twitch, par exemple, il permet d'activer les abonnements payants, les dons en Bits (monnaie virtuelle), et parfois de bénéficier de revenus publicitaires. L'accès à ce statut est généralement conditionné par des objectifs de vues et d'engagement de l'audience, comme un nombre minimum de spectateurs ou de jours de diffusion par mois.

Conditions d'accès au statut d'affilié sur Twitch :

Minimum de 50 abonnés .
Diffusion sur au moins 7 jours distincts dans le mois .
Minimum de 500 minutes de streaming par mois .
3 spectateurs en moyenne par séance .
Atteindre le statut d'affilié permet d'amorcer la monétisation tout en encourageant l'engagement avec l'audience, grâce aux abonnements et aux dons. Pour les streamers en début de parcours, ces revenus peuvent être motivants et servir souvent à réinvestir dans l'amélioration du matériel et de la

qualité du contenu.

Statut de partenaire : un niveau supérieur avec des avantages exclusifs

Le statut de partenaire est un objectif plus ambitieux, réservé aux créateurs ayant déjà une audience plus large et stable. Ce statut offre des options de monétisation supplémentaires ainsi que des avantages exclusifs, comme des émoticônes personnalisées, des options de transcodage pour une meilleure qualité de diffusion, et un support plus personnalisé de la plateforme. Il confère également une crédibilité accrue aux streamers, renforçant leur image professionnelle auprès de leur communauté et des marques.

Critères courants pour devenir partenaire :

75 spectateurs en moyenne par session (chiffre pouvant varier selon la plateforme).
Diffusion sur 12 jours différents par mois .
Grande régularité et engagement élevé de la communauté .
Le statut de partenaire requiert une constance réelle et une audience fidèle, ce qui nécessite de maintenir des contenus engageants et d'interagir régulièrement avec les followers. Pour certains créateurs, devenir partenaire est une étape qui s'accompagne d'une planification plus rigoureuse et d'une stratégie de croissance continue.

Comment optimiser ses chances de devenir affilié ou partenaire

Pour maximiser les chances d'accéder à ces statuts, il est essentiel de se concentrer sur la régularité, l'interaction avec l'audience et la qualité du contenu.

Construire une communauté active, en utilisant les réseaux sociaux pour attirer de nouveaux spectateurs et en collaborant avec d'autres créateurs, peut accélérer la progression vers ces objectifs. Il est également crucial de varier ses contenus et de rester flexible, en ajustant son style de streaming aux préférences de l'audience tout en gardant sa propre touche personnelle.

Stratégies pour améliorer ses chances :

- **Restez régulier et constant :**

Fixez un calendrier de diffusion stable pour fidéliser l'audience et inciter les spectateurs à revenir.

- **Interagissez avec votre communauté :**

Répondez aux messages dans le chat, proposez des sondages et des défis pour renforcer l'engagement.

- **Utilisez d'autres canaux pour attirer du public :**

Soyez actif sur YouTube, Twitter, TikTok ou Instagram pour promouvoir votre chaîne et attirer de nouveaux followers.

Obtenir le statut d'affilié ou de partenaire est un grand pas pour tout streamer souhaitant se professionnaliser. En atteignant ces niveaux, vous avez la possibilité de transformer le streaming en une activité rentable tout en consolidant votre relation avec votre public. Ces statuts ouvrent de nouvelles perspectives et rendent possible un investissement plus poussé dans la qualité du contenu, permettant ainsi de faire évoluer votre chaîne tout en monétisant votre passion.

Les différentes sources de revenus pour les streamers

Monétiser un stream ne se limite pas aux abonnements ou aux dons. Avec la popularité croissante du streaming, de nombreuses sources de revenus sont devenues accessibles, permettant aux streamers de diversifier leurs revenus et de ne pas dépendre d'un seul type de support financier. Voici les principales sources de revenus pour les streamers, avec leurs avantages et leurs limites.

Abonnements et dons de la communauté

Les abonnements et les dons représentent souvent les premiers revenus directs pour un streamer. Les abonnements, disponibles dès le statut d'affilié sur des plateformes comme Twitch, permettent aux spectateurs de soutenir financièrement leur créateur préféré sur une base régulière. Quant aux dons, ils offrent aux téléspectateurs la possibilité de contribuer librement, avec parfois un message ou une animation spéciale qui s'affiche en direct, créant un lien immédiat avec le streamer.

Caractéristiques :

- **Abonnements :**
Fournissent un revenu régulier et permettent aux abonnés d'accéder à des avantages exclusifs (émoticônes, badges, accès privé).

- **Dons :**
Plus spontanés et non obligatoires, ils offrent aux téléspectateurs une option de soutien ponctuel sans engagement.

Ces sources de revenus sont souvent variables et dépendent de l'engagement et de la fidélité de la communauté.

Publicité et revenus publicitaires

Les revenus publicitaires sont une autre source de financement accessible aux affiliés et partenaires. En diffusant des annonces publicitaires pendant leurs sessions en direct, les streamers perçoivent une partie des revenus générés par les vues de ces annonces. Bien que les revenus publicitaires dépendent du nombre de vues, ils constituent une source de revenus passifs intéressante, surtout pour les créateurs avec une large audience.

Revenus passifs

Les publicités peuvent être diffusées automatiquement ou manuellement, permettant des gains sans engagement direct de l'audience.

Les revenus publicitaires dépendent fortement du volume de spectateurs ; ils peuvent être faibles pour les streamers en début de parcours.

Parrainages et collaborations avec des marques

Les partenariats avec des marques constituent une source de revenus très attractive pour les streamers établis. En devenant ambassadeur de produits ou en acceptant des placements de produits, le streamer peut toucher des commissions ou percevoir un paiement en échange de la visibilité offerte à une marque. Ces collaborations peuvent aller des placements discrets (logo, produit en arrière-plan) aux partenariats plus immersifs (démonstrations de produits, codes promotionnels pour les téléspectateurs).

Caractéristiques :

- **Partenariats sur mesure :**

Le streamer peut négocier le contenu et la fréquence de ses mentions pour s'assurer que le produit s'aligne bien avec sa marque personnelle.

- **Revenus conséquents :**

Les collaborations peuvent rapporter des montants significatifs, surtout avec des marques établies.

Les partenariats ont nécessité une grande audience et un certain niveau d'influence pour attirer l'attention des marques.

Vente de produits dérivés et contenus exclusifs

La vente de produits dérivés, comme des vêtements ou des accessoires à l'effigie du streamer, est une autre façon de monétiser sa notoriété. En proposant des articles personnalisés (casquettes, t-shirts, mugs), les streamers permettent à leurs fans de manifester leur soutien de manière tangible. Par ailleurs, des plateformes comme Patreon ou YouTube permettent aux créateurs de proposer des contenus exclusifs (vidéos, streams privés, etc.) en échange d'un abonnement.

Caractéristiques :

- **Merchandising :**

Offre aux téléspectateurs un moyen de soutenir le streamer tout en accédant à des produits uniques.

- **Contenus exclusifs :**

Permettent de fidéliser les fans les plus engagés, qui bénéficient d'avantages que les spectateurs classiques n'ont pas.

La gestion de produits physiques et de contenus exclusifs peut être complexe et demander un investissement en temps et en logistique.

Commissions et programmes d'affiliation

Les programmes d'affiliation permettent aux streamers de toucher des commissions en recommandant des produits ou services. Par exemple, un streamer peut proposer un lien d'affiliation vers un équipement de streaming ou un jeu vidéo qu'il recommande. Lorsqu'un spectateur achète via ce lien, le streamer touche une petite commission. Ces programmes, souvent proposés par Amazon, Streamlabs, ou des studios de jeux, permettent de monétiser son contenu de manière subtile.

Caractéristiques :

- **Facilité de mise en place :**

Peuvent être intégrés facilement dans les descriptions de stream ou via des panneaux.

- **Sources de revenus indirects :**

Peuvent rapporter de façon passive grâce aux achats de l'audience.

Les revenus d'affiliation sont souvent modestes et dépendent du volume de conversions.

Les sources de revenus pour les streamers sont variées, permettant à chacun de diversifier ses options pour construire une carrière stable et moins dépendante d'une seule plateforme. Pour optimiser ces revenus, il est essentiel d'adapter les stratégies à son audience et de rester authentique dans ses choix de partenariats et de contenu exclusif, afin de maintenir la confiance et l'engagement de sa communauté.

Le crowdfunding et les abonnements : Utiliser Patreon, Ko-fi.

Le crowdfunding et les abonnements via des plateformes comme Patreon ou Ko-fi sont devenus des solutions populaires pour les streamers souhaitant diversifier leurs revenus tout en consolidant leur relation avec leurs fans. Ces outils permettent à l'audience de soutenir financièrement un créateur via des abonnements ou des dons ponctuels, souvent en échange de contenus ou d'avantages exclusifs. En choisissant d'utiliser le crowdfunding, un streamer peut ainsi générer un revenu plus prévisible, tout en renforçant l'engagement de sa communauté.

Comprendre les plateformes de financement participatif et leurs particularités

Plusieurs plateformes de financement participatif sont adaptées aux créateurs de contenu, chacune avec des spécificités et des modèles de rémunération propres. Parmi les plus populaires pour les streamers, on retrouve Patreon et Ko-fi , qui permettent d'offrir des abonnements mensuels avec des niveaux d'engagement variés. Ces plateformes sont faciles à configurer et permettent de personnaliser les avantages et les niveaux de contribution, offrant ainsi une flexibilité.

Caractéristiques de chaque plateforme :

- **Patreon :**

Conçu pour les abonnements mensuels, il permet de proposer divers paliers, chacun offrant des récompenses spécifiques (comme des streams privés, des replays, des discussions exclusives).

- **Ko-fi :**

S'utilise pour des dons ponctuels ou des abonnements mensuels ; Ko-fi ne prélève aucune commission sur les dons directs, ce qui le rend intéressant pour les petites contributions fréquentes.

Créer des avantages exclusifs pour fidéliser ses supporters

Pour encourager les abonnements et les contributions, il est essentiel de créer des avantages exclusifs qui soient adaptés aux attentes de votre communauté. Ces avantages peuvent inclure des contenus uniques, des remerciements personnalisés, ou même un accès privilégié à certaines sessions de streaming. En offrant à vos supporters des contenus qu'ils ne trouvent nulle part ailleurs, vous renforcez leur sentiment d'appartenance et leur motivation à soutenir votre projet.

Exemples d'avantages pour les abonnés :

- **Contenus exclusifs :**

Vidéos de « making-of », tutoriels, ou séances de questions-réponses réservées aux abonnés.

- **Interactions personnalisées :**

Accès à un serveur Discord privé, appels ou messages personnalisés, ou votes pour influencer le contenu.

Avantages matériels : Envoi de produits dérivés, mentions dans les vidéos ou streams, ou affichage des noms des abonnés dans les crédits.

Fixer des objectifs de financement pour motiver la communauté

Les objectifs de financement permettent de dynamiser une campagne de crowdfunding et de maintenir l'intérêt de la communauté. Ces objectifs, souvent appelés « stretch goal », montrent à la communauté ce que le streamer pourra accomplir ou produire grâce à leur soutien. Par exemple, un streamer pourrait fixer un objectif pour acheter du nouvel équipement, organiser une session spéciale ou même réaliser un projet collaboratif avec d'autres créateurs.

Comment fixer des objectifs efficaces :

- **Transparence :**

Expliquez clairement à quoi serviront les fonds ; cela inspire la confiance et motive les spectateurs à participer.

- **Récompenses collectives :**

Offrez à tous les contributeurs un contenu ou une activité spéciale une fois l'objectif atteint.

- **Progression régulière :**

Pour des objectifs plus ambitieux, proposez des paliers intermédiaires qui encouragent le soutien continu.

Maintenir l'engagement sur le long terme

Utiliser une plateforme de crowdfunding exigeant de l'engagement et une communication régulière avec ses abonnés pour justifier leurs contributions. Cela peut inclure des mises à jour mensuelles sur l'avancement de projets, des remerciements publics, ou même l'organisation d'événements exclusifs pour les abonnés. En gardant un lien étroit avec sa communauté de supporters, un streamer renforce leur fidélité et s'assure un soutien plus durable.

Conseils pour un engagement durable :

- **Communiquez fréquemment :**
Envoyez des nouvelles régulières sur l'utilisation des fonds ou les projets en cours.

- **Faites preuve de gratitude :**
Remerciez publiquement vos abonnés, par exemple en les mentionnant dans vos streams ou vidéos.

- **Soyez authentique :**
Partagez votre parcours, les défis que vous rencontrez, et montrez votre reconnaissance de manière sincère.

En utilisant des plateformes de financement participatif comme Patreon ou Ko-fi, les streamers peuvent se constituer une source de revenus stable tout en renforçant leur relation avec leurs supporters les plus fidèles. Le crowdfunding ne se limite pas seulement au financement : c'est aussi un excellent moyen de tisser des liens plus profonds avec son audience en leur offrant un accès privilégié et en les intégrant davantage au processus de création.

La publicité et le marketing de soi-même

Pour devenir un streamer à succès, il est essentiel de maîtriser l'art de se promouvoir. En plus de créer du contenu de qualité, il faut savoir comment attirer, fidéliser et agrandir son audience en utilisant des techniques de marketing efficaces. La publicité et le personnel marketing permettent non seulement d'accroître la visibilité, mais aussi de se différencier dans un univers compétitif. Dans cette section, nous explorons des stratégies pour vous positionner, créer une marque forte, et attirer l'attention de nouveaux publics.

Construire une marque personnelle

La première étape pour se promouvoir efficacement est de définir son identité et de construire une marque personnelle forte. Cette marque doit refléter votre personnalité, votre style et le type de contenu que vous proposez. Une bonne marque est mémorable et se distingue dans la masse des autres streamers. Elle devient ainsi un atout pour attirer de nouveaux téléspectateurs et fidéliser les habitués.

Conseils pour développer sa marque personnelle :

- **Définissez votre style :**
Que vous soyez un joueur interactif, un artiste décontracté, ou un animateur animé, assurez-vous que votre personnalité se reflète dans tous les aspects de votre contenu.

- **Créer une identité visuelle cohérente :**
Les logos, bannières, superpositions et miniatures de vidéos doivent être reconnaissables et suivre une même ligne graphique.

- **Élaborer un message unique :**

Que souhaitez-vous que votre audience retienne de vous ? Ce message doit transparaître dans vos interactions et dans votre contenu.

Utiliser les réseaux sociaux pour attirer et fidéliser

Les réseaux sociaux sont des outils incontournables pour se faire connaître et fidéliser son public. Utilisez Instagram, Twitter, TikTok, et même YouTube pour partager des extraits de vos streams, annoncer des sessions en direct, ou interagir directement avec vos abonnés permet d'étendre votre visibilité au-delà de la plateforme de streaming. C'est aussi un moyen de diversifier votre contenu et de toucher de nouveaux publics qui pourraient être intéressés par votre style.

Stratégies efficaces sur les réseaux sociaux :

- **Publier régulièrement :**

Partagez des moments clés de vos streams, des extraits drôles, ou des moments forts pour attirer l'attention de nouveaux spectateurs.

- **Interagissez avec votre public :**

Répondez aux commentaires, organisez des sondages, et montrez que vous êtes disponible pour échanger.

- **Optimiser les hashtags et les titres :**

Utilisez des hashtags populaires et pertinents pour apparaître dans les recherches et augmenter vos chances d'être découvert.

Collaborer avec d'autres créateurs

Les collaborations sont un excellent moyen de gagner en visibilité et de découvrir de nouveaux publics. En vous associant avec d'autres streamers, qu'ils soient dans votre niche ou non, vous multipliez vos chances de toucher des spectateurs curieux qui découvriront votre contenu pour la première fois. Ces collaborations peuvent prendre différentes formes, comme des diffusions en duo, des défis partagés, ou des projets collaboratifs plus élaborés.

Types de collaborations possibles :

- **Streams communs :**

Jouez ensemble, discutez de sujets d'intérêt commun, ou animez une émission conjointe.

- **Projets de longue durée :**

Planifiez une série de contenus ou un événement spécial qui attire un public élargi.

- **Concours et événements :**

Organisez des concours, des cadeaux ou des événements qui mobilisent votre communauté et celle de votre collaborateur.

Investir dans la publicité payante pour booster sa visibilité

La publicité payante peut être un levier intéressant pour accélérer votre croissance, surtout si vous ciblez correctement votre audience. Que ce soit via des publicités sponsorisées sur les réseaux sociaux, Google Ads, ou même via des annonces sur d'autres chaînes de streamers, la publicité peut vous aider à atteindre un public plus large et à gagner en crédibilité.

Astuces pour une publicité efficace :

- **Cibler spécifiquement :**

Utilisez les options de ciblage des réseaux sociaux pour atteindre les spectateurs les plus susceptibles d'être intéressés par votre contenu.

- **Miser sur des contenus percutants :**

Créez des visuels et des annonces accrocheurs, en montrant vos moments forts pour susciter l'intérêt des nouveaux spectateurs.

- **Tester et ajuster :**

Faites plusieurs essais avec différents formats d'annonces pour voir ce qui tient le plus de nouveaux followers.

Pour percer en tant que streamer, une stratégie de marketing solide et adaptée à votre personnalité est un élément crucial. En développant une marque personnelle forte, en étant actif sur les réseaux sociaux, en collaborant avec d'autres créateurs et en investissant dans la publicité, vous pouvez accélérer votre croissance et atteindre un public plus large. L'autopromotion est un équilibre entre authenticité et stratégie, et c'est en trouvant cet équilibre qui vous permettra de bâtir une audience solide et durable.

Chapitre 6
Gérer sa carrière de streamer

Le burn-out chez les streamers : Comment éviter l'épuisement

Avec des heures passées en direct, une pression pour produire du contenu régulièrement, et une nécessité de rester en lien constant avec sa communauté, la carrière de streamer peut rapidement devenir épuisante. De nombreux créateurs, aspirant à une croissance rapide et à maintenir leur audience, peuvent en venir à se surmener, jusqu'au point de burn-out. Comprendre les signes avant-coureurs de l'épuisement, et adopter des stratégies pour préserver son énergie et sa motivation, est essentiel pour rester en bonne santé mentale et physique tout en continuant à progresser.

Reconnaître les signes du burn-out

Le burn-out ne survient pas d'un coup : il s'installe progressivement. Ignorer les signaux d'alerte peut entraîner une perte d'intérêt pour le streaming, une grande frustration, voire des conséquences sur la santé. Des signes comme la fatigue constante, la baisse de motivation, ou encore l'irritabilité sont des indices qu'il est temps de ralentir. Reconnaître ces symptômes est la première étape pour éviter un épuisement plus profond.

Signes d'alerte courants :

- **Fatigue excessive :**

Lorsque les séances de streaming drainent plus d'énergie qu'elles n'en apportent, il est temps de revoir son rythme.

- **Désintérêt croissant :**

Si vous perdez le plaisir de jouer ou d'interagir avec votre communauté, il est possible que le burn-out soit en train de s'installer.

- **Baisse de motivation et de créativité :**

Le manque d'envie de trouver de nouvelles idées ou d'améliorer son contenu est un indicateur de fatigue mentale.

Établir une planification réaliste et durable

Pour éviter l'épuisement, il est essentiel de définir un emploi du temps qui vous laisse le temps de récupérer et de maintenir un équilibre sain entre votre vie professionnelle et personnelle. Diffuser chaque jour ou pendant de longues heures sans pause peut sembler attirant pour attirer l'audience, mais cela est rarement soutenable sur le long terme. En vous fixant des créneaux de diffusion raisonnables, vous protégez votre bien-être tout en préservant la qualité de vos contenus.

Conseils pour un emploi du temps équilibré :

- **Limitez les heures de diffusion :**

Adoptez des séances régulières mais courtes pour éviter la fatigue excessive.

- **Prenez des jours de repos :**

Prévoyez des jours sans streaming pour vous ressourcer et retrouver votre énergie.

- **Équilibrez votre vie personnelle et professionnelle :**

Gardez du temps pour vos loisirs, votre famille et vos amis pour éviter l'isolement et l'épuisement mental.

Prendre soin de soi en dehors du streaming

Le streaming intensif peut rapidement devenir envahissant si l'on ne prend pas soin de son corps et de son esprit.

L'exercice physique, une alimentation équilibrée et des habitudes de sommeil réparatrices sont des éléments cruciaux pour rester en bonne santé. Il est aussi important de s'accorder des pauses pour se détendre et faire des activités qui ne sont pas liées au streaming, comme lire, méditer ou passer du temps en plein air.

Astuces pour un bien-être global :

- **Faites de l'exercice régulièrement :**

Bouger aide à diminuer le stress, améliorer l'humeur et permet de mieux gérer les longues heures passées devant un écran.

- **Adoptez une alimentation équilibrée :**

Bien s'alimenter favorise l'énergie et la concentration, deux atouts précieux pour un streamer.

- **Attention à votre sommeil :**

Évitez les nuits blanches pour garder une clarté mentale et éviter l'irritabilité.

Se rappeler de la raison pour laquelle on a commencé

Face à la pression du nombre de vues, de followers et de revenus, il est facile de perdre de vue les raisons initiales pour lesquelles un streamer a commencé. Revenir à ces motivations de base – le plaisir de partager, la passion pour un jeu ou une activité, l'envie de créer un lien avec les autres peut aider à remettre en perspective et à retrouver l'enthousiasme.

En vous rappelant ce qui vous inspire au départ, vous renouez avec une approche plus étendue, où le streaming redevient un plaisir et non une source de stress.

Le burn-out peut être évité grâce à des pratiques saines et une gestion rigoureuse de son temps et de ses énergies. Adopter un rythme de streaming réaliste, prendre soin de soi au quotidien et se reconnecter aux raisons qui vous ont poussé à vous lancer sont des habitudes essentielles pour durer dans le monde exigeant du streaming. En mettant votre bien-être en priorité, vous pourrez non seulement maintenir votre motivation, mais aussi offrir à votre public un contenu authentique et de qualité.

La gestion du temps et des objectifs

Dans le domaine du streaming, où les attentes d'engagement constant et de contenu régulier peuvent être élevées, savoir gérer son temps et fixer des objectifs clairs est essentiel pour rester productif et éviter l'épuisement. Une planification bien pensée permet de maintenir un rythme durable, d'améliorer la qualité de votre contenu et de progresser vers vos ambitions à long terme.

L'importance d'une planification de streaming régulier

Créer un planning et le respecter est une habitude essentielle pour tout streamer, qu'il soit débutant ou expérimenté. Un planning clair aide à fidéliser votre public en leur offrant un rendez-vous régulier, tout en vous permettant de mieux structurer votre emploi du temps. Il s'agit d'un équilibre à trouver pour préserver votre énergie, sans nuire à la qualité de votre contenu.

Conseils pour une planification efficace :

- **Établissez un calendrier réaliste :**

Évitez de vous surcharger en débutant avec des sessions trop longues ou trop nombreuses. Privilégiez une fréquence régulière et adaptée à votre emploi du temps.

- **Communiquez avec votre audience :**

Informez toujours vos abonnés de votre calendrier de stream, notamment en cas de changements ou d'annulations.

- **Préservez des moments de repos :**

Bloquez du temps pour vous ressourcer et éviter le burn-out.

Fixer des objectifs de carrière à court et long terme

Se donner des objectifs clairs, mesurables et atteignables est une stratégie clé pour avancer dans le streaming. Ces objectifs peuvent être liés à la croissance de votre chaîne, comme atteindre un certain nombre d'abonnés, ou à l'amélioration de votre contenu, par exemple en intégrant de nouveaux formats ou en perfectionnant votre technique.

Types d'objectifs à considérer :

- **Objectifs de croissance :**

Augmenter le nombre de followers, d'abonnés, ou de vues mensuelles.

- **Objectifs créatifs :**

Explorer de nouveaux types de contenu, organiser des collaborations, ou apprendre à utiliser de nouveaux logiciels.

- **Objectifs financiers :**

Atteindre un certain niveau de revenus grâce aux dons, abonnements, ou partenariats.

Comment fixer des objectifs pertinents :

- **Suivez le principe SMART :**

Les objectifs doivent être spécifiques, mesurables, atteignables, réalistes et temporellement définis.

- **Décomposez-les en étapes :**

Transformez vos objectifs majeurs en sous-objectifs plus petits pour faciliter leur accomplissement.

- **Évaluez régulièrement votre progression :**

Prenez le temps d'analyser les résultats, d'ajuster vos méthodes, et de constater les progrès réalisés.

Utiliser des outils de gestion du temps et de productivité

De nombreux outils sont disponibles pour aider les créateurs de contenu à organiser leur emploi du temps et suivre leurs objectifs. Qu'il s'agisse de logiciels de planification ou de simples applications de liste de tâches, ces outils permettent de garder le cap, de prioriser efficacement, et de s'organiser avec flexibilité.

Outils utiles pour la gestion de temps et de tâches :

Google Calendar ou Notion :

Pour planifier vos sessions, noter vos idées de contenu, et organiser votre semaine.

Trello ou Asana :

Pour suivre vos objectifs de manière visuelle et collaborer si vous travaillez en équipe.

Pomodoro ou Focus@Will :
Pour maintenir votre concentration pendant vos préparations ou vos sessions de streaming.

La gestion du temps et des objectifs est un pilier de la réussite pour tout créateur de contenu souhaitant faire du streaming une activité à long terme. En définissant des objectifs clairs et en mettant en place une organisation solide, vous maximisez vos chances de maintenir une croissance constante, tout en préservant votre équilibre personnel. Avec une gestion efficace, vous pouvez vous consacrer pleinement à votre passion sans sacrifier votre bien-être.

Travailler avec des équipes et des managers

À mesure que la carrière d'un streamer se développe, l'aide d'une équipe ou d'un manager peut devenir indispensable pour gérer les aspects techniques, créatifs et commerciaux de l'activité. Collaborer avec des professionnels permet de se concentrer davantage sur la création de contenu tout en optimisant sa gestion et son expansion. Que vous choisissiez de travailler avec un manager, un modérateur, ou même une équipe de production, il est essentiel de savoir collaborer efficacement pour atteindre vos objectifs tout en préservant votre vision artistique.

Les avantages de travailler avec un manager ou une équipe

Un manager ou une équipe peut apporter de nombreuses compétences complémentaires au streamer, que ce soit en gestion, en marketing ou en technique. Cette collaboration allège la charge de travail du streamer, facilite la recherche de partenariats et permet d'assurer une croissance plus structurée.

Les principaux avantages de travailler avec un manager

- **Gestion administrative et commerciale :**

Le manager peut s'occuper des contrats, des négociations, et de la gestion des revenus, permettant au streamer de se concentrer sur le contenu.

- **Stratégie de développement :**

Les managers expérimentés fournissent à définir une stratégie de croissance et à saisir des opportunités, comme les collaborations et les événements.

- **Support psychologique :**

Un manager peut offrir un soutien moral dans une carrière souvent exigeante, aidant ainsi à maintenir l'équilibre personnel du créateur.

Construire une équipe technique et créative pour un contenu de qualité

En fonction de votre type de contenu, une équipe peut inclure des modérateurs, des éditeurs vidéo, des graphistes ou même un réalisateur pour les streams complexes. Collaborer avec une équipe technique permet de garantir une qualité constante, d'innover et d'intégrer les aspects créatifs que le streamer seul aurait du mal à gérer.

Membres clés de l'équipe technique et créative :

- **Modérateurs :**

Ils assurent la gestion du chat en direct, a pour rôle d'animer et de modérer les comportements indésirables Il surveille ainsi les diverses discussions et maintient une bonne ambiance.

- **Éditeurs vidéo :**

Essentiels pour les streamers qui publient des rediffusions ou des best-off, les éditeurs vidéo travail à transformer les moments clés en contenus.

- **Graphistes et designers :**

Ils contribuent à la création des overlays, bannières et visuels qui renforcent la marque personnelle du streamer.

Savoir déléguer tout en gardant le contrôle sur son contenu

Travailler avec une équipe nécessite de trouver le juste équilibre entre déléguer et garder un contrôle créatif. S'il est important de faire confiance aux compétences des membres de l'équipe, le streamer doit rester fidèle à sa vision pour préserver son authenticité et son lien avec l'audience.

Conseils pour une délégation efficace :

- **définir des rôles clairs :**

Assurez-vous que chacun sait exactement ce qu'il doit faire, afin d'éviter les confusions et de renforcer l'efficacité.

- **Communiquer sa vision :**

Partagez votre style et vos préférences avec l'équipe pour garantir une cohérence dans le contenu.

- **Faire des points réguliers :**

Organisez des réunions pour échanger des idées, évaluer les résultats et faire des ajustements si nécessaires.

Gérer la relation avec son équipe pour une collaboration harmonieuse

Une relation saine et productive avec son équipe repose sur une communication ouverte et un respect mutuel. Un leader bienveillant sait exprimer ses attentes, donner des retours constructifs et valoriser le travail de chacun. Une équipe engagée et reconnue contribue à la stabilité de la carrière du streamer et au succès de la chaîne.

Conseils pour entretenir une bonne relation avec son équipe :

- **Exprimer sa reconnaissance :**
Valoriser les efforts de chacun, que ce soit par des remerciements, des encouragements ou des récompenses.

- **Gérer les conflits avec tact :**
En cas de désaccord, privilégiez une approche ouverte et respectueuse pour trouver des solutions.

- **Encourager l'initiative :**
Invitez les membres de l'équipe à proposer des idées, afin de créer un environnement stimulant et créatif.

S'entourer d'une équipe et d'un manager compétent permet d'optimiser son temps, d'augmenter la qualité de son contenu, et de développer sa carrière de manière structurée. Le travail en équipe est un levier de succès pour les streamers souhaitant évoluer dans un cadre professionnel tout en préservant leur créativité et leur identité.

Streamer à long terme : Comment rester pertinent et évoluer

Le streaming est un domaine dynamique et compétitif, où la longévité repose sur la capacité à évoluer et à rester pertinent face aux nouvelles tendances, aux attentes changeantes des publics, et aux innovations technologiques. Pour un streamer souhaitant bâtir une carrière durable, il est essentiel de se renouveler en permanence et de faire preuve de flexibilité. Dans cette section, nous explorons les stratégies clés pour rester performant sur le long terme tout en préservant votre authenticité.

Observer les tendances et s'adapter à l'évolution du secteur

L'univers du streaming est en constante évolution, avec des changements réguliers dans les jeux populaires, les formats de contenu et les préférences des spectateurs. Rester attentif aux tendances émergentes permet de capter l'attention de nouvelles audiences tout en maintenant l'intérêt de votre communauté actuelle.

Conseils pour suivre les tendances :

- **Suivez les mises à jour de vos plateformes de streaming :** Restez informé des nouvelles fonctionnalités et des changements d'algorithme.

- **Analysez les préférences de votre audience :** Utilisez les statistiques de visionnage pour repérer les contenus les plus populaires et ajuster votre stratégie.

Développer une identité de marque forte et mémorable

Avoir une identité de marque distincte vous aidera à vous démarquer dans un environnement performant. Votre personnalité, votre style de contenu et votre engagement avec la communauté forment un tout qui constitue l'ADN de votre chaîne. En renforçant votre marque, vous pouvez attirer et fidéliser un public qui partage vos valeurs et apprécier votre style unique.

Éléments clés d'une identité de marque :

- **Personnalité authentique :**

Soyez vous-même et n'hésitez pas à partager des aspects de votre vie qui suscitent vos intérêts et valeurs.

- **Thèmes et esthétiques reconnaissables :**

Adoptez une charte graphique cohérente pour vos superpositions, bannières et vignettes, créant ainsi un style immédiatement identifiable.

- **Engagement transparent avec votre public :**

Partagez vos objectifs et votre parcours, cela aidera vos spectateurs à se sentir investis dans votre succès.

Diversifier son contenu pour éviter la monotonie

L'une des meilleures manières de rester pertinent à long terme est de diversifier votre contenu. En variant les types de stream ou en introduisant des sessions spéciales, vous offrez une expérience renouvelée à vos téléspectateurs, ce qui permet de lutter contre la lassitude tout en explorant de nouvelles opportunités créatives.

Stratégies pour diversifier son contenu

- **Introduire de nouveaux formats :**
En plus des séances de jeu, proposez des live thématiques, des « talk shows » ou des séances de questions-réponses.

- **Collaborer avec d'autres créateurs :**
Les collaborations élargissent votre portée et apportent une énergie nouvelle à votre contenu.

- **Expérimentez avec des sujets variés :**
Explorez de nouveaux jeux, faites des stream interactifs, ou intégrez des moments de discussion avec votre communauté.

Cultiver une relation durable avec son public

À long terme, la fidélité de votre audience devient un pilier de votre réussite. Une communauté active et impliquée ne se construit pas du jour au lendemain ; elle repose sur des interactions constantes, un engagement authentique et une reconnaissance sincère. Pour conserver cette relation solide, soyez attentif aux retours de votre audience et montrez régulièrement votre gratitude.

Conseils pour un public engagé :

- **Répondez aux commentaires et questions :**
La proximité avec vos téléspectateurs renforce le lien qui les rattache à votre chaîne.

- **Valorisez vos fans les plus fidèles :**
Organisez des événements exclusifs, des cadeaux, ou offrez un rôle de modérateur à ceux qui s'impliquent activement.

- **Faites preuve de constance :**
Publiez de manière régulière pour que votre public sache quand vous retrouvez.

En intégrant ces stratégies, un streamer peut rester pertinent et continuer à évoluer avec le temps. Construire une carrière de streaming réussie et durable nécessite une vigilance constante, une capacité à se renouveler, et une relation authentique avec son public. Ces éléments, combinés à une flexibilité et une ouverture aux nouvelles opportunités, vous permettront de transformer votre passion en un succès à long terme.

Chapitre 7 L'avenir du streaming

Les tendances émergentes du streaming

Le secteur du streaming évolue rapidement, porté par des avancées technologiques, l'essor de nouveaux formats, et les changements dans les habitudes de consommation. Ces évolutions permettent aux streamers d'explorer des moyens innovants pour capter et engager leur public, tout en créant un contenu varié et captivant. Comprendre et intégrer ces tendances peut offrir aux streamers une avancée significative, leur permettant de rester compétitifs dans un environnement en perpétuelle mutation.

La réalité augmentée (AR) et la réalité virtuelle (VR)

Avec la montée en puissance de l'AR et de la VR, les créateurs de contenu explorent de nouveaux formats immersifs. Ces technologies permettent aux streamers d'immerger leurs spectateurs dans des mondes virtuels, créant une expérience de visionnage unique et engageante.

L'intégration de l'intelligence artificielle (IA)

L'intelligence artificielle révolutionne également le monde du streaming. Des outils basés sur l'IA permettent d'automatiser certaines tâches, comme la modération du chat, la création de sous-titres en temps réel ou même la personnalisation de l'expérience utilisateur en fonction des préférences des spectateurs. De plus, l'IA ouvre la porte à des interactions plus dynamiques, avec des chatbots avancés capables de tenir des conversations complexes, ou des overlays interactifs qui s'adaptent en fonction des réactions du public. Ces innovations renforcent l'interactivité et l'immersion, offrant aux streamers de nouvelles façons de se connecter à leur audience tout en simplifiant la gestion technique du stream.

L'interaction en temps réel et l'expérience immersive

Les plateformes de streaming intègrent de plus en plus d'options interactives pour permettre aux téléspectateurs de participer activement aux streams. Les sondages, les mini-jeux intégrés et les interactions en temps réel permettent aux spectateurs de prendre part à l'action, transformant le stream en une expérience immersive et collaborative.

Idées d'interaction en temps réel :

- **Sondages dynamiques :**

Les téléspectateurs peuvent influencer le succès du stream, par exemple en apprenant les niveaux de jeu ou les défis du streamer.

- **Extensions interactives :**

Intégrer des applications ou extensions, comme des effets visuels lancés par le chat, permettant aux téléspectateurs d'interagir directement avec le contenu.

- **Points de chaîne et récompenses :**

Offrir des récompenses pour l'engagement des spectateurs, telles que des points qu'ils peuvent utiliser pour déclencher des actions spécifiques dans le stream.

La montée du streaming mobile

Le streaming mobile gagne en popularité, surtout avec l'essor de plateformes comme TikTok et Instagram Live, où les créateurs diffusent directement depuis leurs appareils mobiles. Ce format simplifié permet d'atteindre un public large et diversifié, particulièrement dans les créneaux de contenu court et dynamique. Cette tendance permet aux créateurs de se connecter plus facilement avec leurs téléspectateurs, même en dehors d'un setup professionnel.

Avantages du streaming mobile :

- **Accessibilité :**

Le streaming mobile permet aux créateurs de diffuseur spontanément depuis n'importe quel lieu.

- **Public jeune et actif :**

Les plateformes de streaming mobile touchent une audience souvent plus jeune et attentive aux tendances sociales.

- **Diversité de contenu :**

Les streamers peuvent partager des moments de leur quotidien, ajoutant une touche d'authenticité à leur contenu.

L'importance croissante du contenu éducatif et des tutoriels

De plus en plus de téléspectateurs recherchent des streams qui leur permettent d'apprendre ou d'acquérir de nouvelles compétences, comme des tutoriels de jeux, des ateliers créatifs, ou des séances de formation en direct. Le contenu éducatif permet aux streamers de diversifier leur public en attirant des spectateurs intéressés par le développement personnel, les compétences techniques, ou les arts.

Types de contenu éducatif en streaming :

- **Tutoriels de jeux et astuces :**

Les téléspectateurs apportent les guides sur les jeux populaires et les stratégies avancées.

- **Ateliers en direct :**
Des séances de peinture, de musique, ou de développement personnel captivent les spectateurs à la recherche de contenus enrichissants.

- **Séances de questions-réponses spécialisées :**
Offrir des sessions où les téléspectateurs peuvent poser des questions directement au streamer sur un domaine d'expertise.

Les stream multi-caméras et le contenu dynamique

Enfin, les stream multi-caméras, qui utilisent plusieurs angles de caméra pour capturer différentes perspectives, offrent un niveau de dynamisme supplémentaire aux téléspectateurs. En voyant le streamer et son environnement sous plusieurs angles, le public vit une expérience plus immersive. Les plateformes de streaming facilitent également l'utilisation de caméras secondaires pour capturer des réactions en temps réel ou ajouter des effets visuels.

Utilisations des multi-caméras pour enrichir le contenu :

- **Caméras de réaction :**
Capturer des angles de vue supplémentaires pour enrichir les moments d'émotion forte, comme les victoires ou les échecs.

- **Intégration de la caméra au gameplay :**
Permet aux téléspectateurs de suivre des aspects différents du jeu, comme les expressions faciales du streamer et l'action en jeu simultanément.

- **Caméras d'angle créatif :**
Utiliser une caméra secondaire pour montrer le setup, l'espace de travail, ou même des éléments décoratifs qui ajoutent de la profondeur au Stream.

En exploitant ces tendances émergentes, les streamers peuvent se positionner comme des pionniers et répondre aux nouvelles attentes de leur public. Anticiper et intégrer ces innovations permet de rester compétitif dans un environnement en constante évolution et d'offrir à son public des expériences toujours plus captivantes et interactives.

Vers un streaming plus inclusif et diversifié

Le streaming a gagné en popularité en tant qu'espace de divertissement, mais également comme une plateforme sociale où la diversité et l'inclusion occupent une place de plus en plus importante. À mesure que la communauté du streaming est grandiose, les spectateurs expriment le besoin de se sentir représentés et de faire partie d'un espace respectueux, où les différences sont valorisées. Cette évolution transforme le streaming en un lieu plus inclusif, où chaque individu peut exprimer sa voix et se sentir soutenu.

Adapter les formats pour un public international

Dans un monde de plus en plus connecté, adapter son contenu pour un public international est une stratégie puissante pour élargir sa portée. L'ajout de sous-titres ou de traductions en direct permet de surmonter les barrières linguistiques, rendant votre contenu accessible aux spectateurs de différentes régions et cultures. Par exemple, des plateformes comme YouTube et Twitch proposent des outils intégrés pour ajouter des sous-titres automatiques ou manuels, tandis que des logiciels tiers peuvent offrir des traductions en temps réel pour les streams en direct. Ces efforts ne se contentent pas de rendre le contenu compréhensible : ils témoignent également d'un désir d'inclusion, ce qui peut renforcer votre réputation et encourager un public international à s'investir davantage dans votre chat

Créer un environnement respectueux et sûr pour tous

Le streaming tenue des téléspectateurs de tout horizon, et il est crucial de créer un environnement de respect mutuel. La modération joue un rôle central dans la création d'une communauté sûre et bienveillante, où chaque membre peut se sentir respecté et à l'aise. En mettant en place des règles claires et des outils de gestion de la communauté, vous encouragez un espace d'interaction saine, propice à l'échange.

Stratégies pour encourager un environnement respectueux :

- **Établir des règles de chat :**

Définissez des règles de conduite pour interdire tout comportement discriminatoire ou toxique.

- **Utiliser des outils de modération :**

Faites appel aux bots et aux modérateurs pour surveiller le chat et intervenir en cas de besoin.

- **Encourager les discussions positives :**
Invitez vos téléspectateurs à participer à des échanges constructifs et respectueux, et valorisez ceux qui contribuent positivement à la communauté.

Éduquer et sensibiliser à l'inclusion

En tant que streamer, vous avez l'opportunité de sensibiliser votre public aux valeurs d'inclusion et de diversité. Vous pouvez non seulement favoriser des discussions sur des sujets d'actualité, mais aussi partager des ressources et donner de la visibilité aux organisations qui proposes ces valeurs. Sensibiliser votre communauté aux enjeux d'inclusion, renforcer l'engagement de ceux qui partagent ces valeurs et créer un espace accueillant pour tous.

Actions pour sensibiliser votre communauté :

- **Organisateur des streams thématiques :**
Dédiez des sessions pour parler de sujets inclusifs ou soutenir des initiatives comme la sensibilisation harcèlement scolaire ou la Journée des droits des femmes.

- **Partager des ressources éducatives :**
Orientez votre public vers des organisations ou des conférences qui encouragent la tolérance et le respect.

- **Montrer l'exemple :**
Incorporez des messages inclusifs dans vos interactions et faites preuve de respect et d'ouverture envers tous les téléspectateurs.

Promouvoir un streaming inclusif et diversifié est plus qu'une tendance : c'est une démarche essentielle pour construire un espace numérique plus humain et plus accueillant. En vous investissant dans cette direction, vous contribuez à un streaming positif et accessible à tous, offrant à votre public la possibilité de participer activement et d'apprendre dans un espace bienveillant et ouvert.

Le streaming au-delà des jeux : Nouvelles opportunités dans la création de contenu

Si le streaming a longtemps été dominé par le jeu vidéo, il s'est aujourd'hui étendu pour inclure de nombreux autres types de contenu, attirant des publics aux centres d'intérêt variés. Cette diversification ouvre la porte à de nouvelles opportunités pour les créateurs de contenu qui souhaitent toucher des publics variés tout en développant leur identité de streamer. Dans cette section, nous explorons quelques-unes des nouvelles possibilités offertes par le streaming en dehors du monde des jeux vidéo.

L'essor des stream de discussion et d'analyse

De plus en plus de créateurs optent pour des formats centrés sur la discussion, l'analyse et le partage d'opinions. Qu'il s'agisse de débats sur l'actualité, de critiques de films et de séries, ou d'analyses de tendances, ces stream captivent un public curieux, en quête de réflexion et d'échanges d'idées. Ces formats offrent également un moyen unique de connecter avec les téléspectateurs en partageant des opinions et des perspectives personnelles.

Exemples de contenu de discussion

- **Décryptages de l'actualité :**

Les streamer commente et analyse des événements récents, de la culture pop à la politique.

- **Critiques et analyses :**

Que ce soit des critiques de films, séries, livres ou autres sujets culturels, ces contenus suscitent de vives interactions.

- **Sujets d'intérêt personnel :**

Parler de passions ou de sujets de société engagent des téléspectateurs partageant ces centres d'intérêt.

Le streaming créatif : Art, musique, et plus encore

Les streamers créatifs rencontrent un succès croissant en invitant leur public à les observer et interagir avec eux pendant qu'ils créent. Des séances de dessin, de peinture, de musique, de cuisine, et même de bricolage offrent aux spectateurs un aperçu immersif dans le processus créatif du streamer. En ajoutant une touche personnelle, les créateurs captivent un public qui peut être inspiré et apprendre de leurs compétences.

Idées de streaming créatif :

- **Art visuel :**

Streaming de séances de peinture, de dessin numérique, ou de sculpture.

- **Musique en direct :**

Jouer de la musique, chanter, ou créer des compositions.

- **Cuisine et gastronomie :**

Partager des recettes et des techniques culinaires avec une approche pédagogique.

Enseignement et tutoriels en direct

Avec la montée votre formation en ligne, de nombreux streamers se lancent dans le partage de connaissances et de compétences, transformant leurs streams en mini-ateliers éducatifs. Ce type de contenu permet aux téléspectateurs d'apprendre tout en interagissant avec le streamer, créant un espace d'échange de savoirs en temps réel. Ce format attire particulièrement les téléspectateurs motivés par le développement personnel et professionnel.

Exemples de stream éducatifs :

- **Tutoriels techniques :**

Enseigner des compétences comme le montage vidéo, le codage, ou la photographie.

- **Développement personnel :**

Partager des conseils sur l'organisation, la gestion du temps ou des méthodes d'apprentissage.

- **Langues et culture :**

Enseigner une langue étrangère ou expliquer des éléments culturels pour des spectateurs intéressés par l'international.

Les séances bien-être et lifestyle

Le bien-être et le lifestyle occupent également une place de plus en plus importante dans le monde du streaming.

Les streamers qui partagent leurs routines de fitness, leurs astuces de méditation, ou leurs conseils en matière de développement personnel créent une atmosphère apaisante et motivante pour leur public. Ce type de contenu attire un public en quête d'inspiration et de nouvelles habitudes de vie, tout en favorisant une ambiance positive et engageante.

Idées de contenu bien-être et lifestyle :

- **Yoga et fitness :**

Des cours de yoga, des séances de sport, ou des challenges fitness.

- **Santé mentale :**

Séances de relaxation, méditation guidée ou discussions autour de la gestion du stress.

- **Conseils de vie quotidienne :**

Partager des astuces d'organisation, de minimalisme ou d'équilibre de vie.

Le streaming interactif avec les téléspectateurs : Jeux de société, quiz, et plus

Au-delà des jeux vidéo, les jeux de société, les quiz et les sessions interactives en direct gagnent en popularité. En créant des événements où les téléspectateurs peuvent participer activement, les streamers construisent une expérience communautaire amusante et engageante. Ce type de contenu, qui transforme le stream en un espace de partage, fidélise véritablement les spectateurs en créant des souvenirs communs.

Idées de contenu interactif :

- **Jeux de société en ligne :**

Inviter les téléspectateurs à participer à des jeux comme le poker, les échecs, ou des jeux de plateau en version numérique.

- **Quiz et soirées trivia :**

Proposer des quiz interactifs où les téléspectateurs testent leurs connaissances sur divers sujets.

- **Challenges et défis communautaires :**

Lancer des défis ou des votes où les spectateurs influencent directement le déroulement du stream.

Le streaming est devenu bien plus qu'un simple passe-temps pour les joueurs. En explorant de nouveaux horizons au-delà des jeux, les créateurs peuvent non seulement attirer un public plus vaste, mais aussi se démarquer en tant que streamers diversifiés et uniques. Les nouvelles possibilités dans la création de contenu offrent ainsi à chaque streamer l'opportunité de réinventer ses streams tout en engageant une communauté fidèle, passionnée par des sujets variés.

Astuces pour embellir votre parcours de streamer

- **Diversifiez vos moments de partage :**

En plus des sessions en direct, n'hésitez pas à publier des extraits de vos meilleurs moments sur les réseaux sociaux, à répondre aux commentaires et à dialoguer avec vos followers même en dehors des streams. Cela renforce le lien avec votre communauté et invite de nouvelles personnes à découvrir votre contenu.

- **Soyez attentif aux retours de votre audience :**

Un bon streamer écoute son public. Prendre en compte les retours, même critiques, peut être une source de croissance. Cela vous permet d'améliorer votre contenu, d'identifier ce qui plaît à votre audience et de créer un espace où vos spectateurs se sentent réellement entendus.

- **Faites preuve de résilience face aux obstacles :**

Il y aura des périodes creuses, des ruisseaux avec peu de vues, des moments où la fatigue se fera sentir. Tous les créateurs connaissent ces phases. Une anecdote que l'on retrouve souvent chez les streamers expérimentés est celle des premières semaines ou mois où ils ont « streamé dans le vide ». Si cela vous arrive, ne vous découragez pas : c'est en maintenant votre constance que vous verrez votre audience croître.

Un voyage à votre rythme

L'aventure du streaming est un voyage unique que vous mènerez à votre propre rythme. En suivant vos envies, en apprenant de chaque live et en prenant plaisir dans ce que vous faites, vous construisez peu à peu une communauté qui vous ressemble. Car au fond, c'est bien plus que du divertissement : c'est un espace où des liens se créent, où l'on partage ses passions, ses rires, et même des moments difficiles. Être streamer, c'est s'ouvrir à son public, avec sincérité et authenticité.

Alors lancez-vous ! Que ce soit par passion pour le jeu, le partage de compétences, l'art ou les échanges avec les autres, le streaming vous ouvre des possibilités infinies pour créer, apprendre et évoluer. N'oubliez jamais que le succès se construit sur le long terme, avec de la persévérance, de la curiosité et, surtout, beaucoup de plaisir. Laissez votre créativité vous guider, adaptez-vous aux défis, et qui sait ? Peut-être que votre stream sera celui qui inspirera la prochaine génération de créateurs.

Vous voilà arrivé à la fin de ce guide, équipé des connaissances essentielles pour vous lancer dans le monde fascinant du streaming professionnel. Que vous souhaitiez partager vos parties de jeu, vos talents créatifs ou simplement échanger autour de sujets qui vous passionnent, ce voyage est une aventure unique où la créativité, la résilience et l'interaction se mêlent. Vous avez maintenant une vision d'ensemble sur les étapes importantes pour transformer votre passion en une activité professionnelle, en apprenant à naviguer avec stratégie dans ce paysage numérique compétitif.

Mais le succès dans le streaming ne dépend pas uniquement de la qualité de votre équipement ou de votre connaissance des logiciels. C'est aussi une question de persévérance, de patience et d'un certain état d'esprit qui vous aidera à relever les défis du quotidien. Si les débuts peuvent sembler décourageants, rappelez-vous que chaque grand streamer a commencé avec peu d'audience et a souvent passé des mois, voire des années, à trouver son style et son public. De petites astuces, apprises parfois après des erreurs, se révèlent souvent être des trésors d'expérience : prendre le temps de configurer votre stream de manière professionnelle, comprendre ce que votre public attend de vous, et surtout, rester fidèle à votre vision sont des éléments cruciaux.

N'oubliez jamais : votre authenticité est votre plus grande force. Continuez à créer, à vous adapter, et à croire en vous. Le meilleur reste à venir !

www.ingramcontent.com/pod-product-compliance
Lightning Source LLC
Chambersburg PA
CBHW071600220526
45469CB00003B/1073